Richard Harary

Sucesso nos Estados Unidos

Histórias e dicas de quem venceu nos Estados Unidos

1ª Edição

São Paulo
2021

Trilha
EDUCACIONAL

Sucesso nos Estados Unidos Copyright © 2021 – Richard Harary
Direitos de Edição e Impressão: Trilha Educacional Editora
Autor: Richard Harary
Editor: Luís Antonio Torelli
Projeto Gráfico e Editoração: Edson Lage
Capa: Marco Mancen
Preparação de originais: Valdomiro Mendes Arantes

Dados Internacionais de Catalogação na Publicação (CIP)
(Câmara Brasileira do Livro, SP, Brasil)

```
Harary, Richard
    Sucesso nos Estados Unidos / Richard Harary. --
1. ed. -- São Paulo : Trilha Educacional, 2021.

    ISBN 978-65-87995-06-9

    1. Empreendedores - Autobiografia
2. Empresários - Brasil - Autobiografia 3. Harary,
Richard 4. MacroBaby - Orlando (Estados Unidos)
5. Sucesso profissional I. Título.

21-66177                                CDD-338.04092
```

Índices para catálogo sistemático:

1. Empresários : Autobiografia   338.04092

Cibele Maria Dias - Bibliotecária - CRB-8/9427

Todos os direitos reservados. Nenhuma parte desta obra poderá ser reproduzida por fotocópia, microfilme, processo fotomecânico ou eletrônico sem permissão expressa do autor.

Impresso no Brasil

Trilha Educacional Editora
Rua Pires da Mota, 265 – Aclimação – 01529-001 – São Paulo/SP – Brasil
Fone: 55 11 999386337 – contato@trilhaeducacional.com.br

Agradecimentos

Agradeço a Deus por me abrir as portas e sempre me abençoar.

Este livro escrevi em homenagem aos meus pais que me deram todo o apoio do mundo e criaram seres humanos incríveis e ensinaram a mim e aos meus irmãos o valor da vida e nos deram uma base para nosso futuro.

Eles sempre me apoiaram, deram bronca e estiveram ao meu lado, carregando-me quando eu não podia andar e cuidaram de mim.

Para eles escrevo este livro, para mostrar que todo o esforço não foi em vão. Dedico-o à minha família, irmãs, que deram carinho emocional e ao meu irmão Vitor que me ensinou de negócios e fazia coisas que na época eu não entendia, mas que me alavancaram.

Agradeço a meus amigos que sempre estiveram ao meu lado, à família Macrobaby, nossa diretoria que trabalha com tanto carinho e dedicação. Dedico este livro também aos meus filhos para que o tomem como exemplo de que trabalho duro e esforço nos conduz ao sucesso.

Prefácio

Como nasce o sucesso? Uma pergunta difícil de ser respondida em uma linha. Mas tentei fazer isso num livro.

Sucesso para mim é atingir o seu objetivo seja ele qual for. Portanto, em primeiro lugar é preciso saber qual o seu objetivo. Precisamos de objetivos para alcançar na vida. E quando os alcançamos, conquistamos o sucesso.

Escrever sobre a minha trajetória, pontuando todos os turning points que aconteceram dentro dela, me fez perceber que sucesso não se constrói numa tacada. São desafios de todas as instâncias. Pessoais, de saúde, profissionais. E temos que enfrentá-los todos os dias para encontrar a força que reside dentro de nós e é capaz de nos conduzir ao enfrentamento dos problemas.

Todos temos obstáculos – em maior e menor grau. E ao longo da vida, o trabalho de parto em direção ao nascimento do sucesso se dá em diversas instâncias. A gente insiste na contração. Insiste em seguir adiante, porque confia na vida, confia no Criador e dá nosso melhor.

A todo momento, durante as diversas fases da minha vida, refleti sobre tudo que acontecia ao meu entorno. E hoje sei como o sucesso não nasce por acaso. Ele é fruto de micro decisões que tomamos dia após dia. Ele nasce quando renunciamos ao que não queremos em nossas vidas, quando nos movimentamos em direção ao caminho que queremos trilhar – e nesta direção, ficamos cara a cara com o pavor que causa estar sozinho no caminho.

Já superei muitos desafios. Morar num país estrangeiro, sozinho, começar um negócio sem qualquer perspectiva e transformá-lo numa holding com faturamento milionário foi o que me mostrou que podemos ser capazes de tudo quando persistimos num sonho.

Apresento a vocês meu mais novo filho: um livro que nasceu fruto da obstinação em compartilhar tudo aquilo que aprendi ao longo da minha trajetória.

Apresento a vocês – da concepção à gestação e parto, o nascimento do sucesso!

Sumário

PARTE I	O Sonho	
Capítulo 1	Mar Calmo Não Faz Bom Marinheiro	9
Capítulo 2	Imigrando para os EUA	13
Capítulo 3	Qual Seu Objetivo?	19
Capítulo 4	A Loja de Malas	23
PARTE II	As Tentativas	
Capítulo 5	Recalcular a Rota é Preciso	29
Capítulo 6	Trabalho Como Ferramenta do Sucesso	33
Capítulo 7	Reconheça os Sinais Antes do Tsunami Chegar	37
PARTE III	As Turbulências	
Capítulo 8	O Medo é o Pior Conselheiro Que Pode Existir	41
Capítulo 9	Não Subestime o Inimigo Que Ninguém Vê	43
Capítulo 10	Cartas para Deus	47
PARTE IV	O Teste Positivo	
Capítulo 11	Queimando a Ponte	49
Capítulo 12	Gerando Lucro	53
Capítulo 13	Quem Tem Medo de Vender?	57
PARTE V	A Gestação	
Capítulo 14	Dois Nascimentos com Amor	63
Capítulo 15	Crianças e Finanças	67
Capítulo 16	Integrando Trabalho e Filhos	71

PARTE VI	O Crescimento	
Capítulo 17	Farejar Oportunidades para Crescer	73
Capítulo 18	Se Seu Coração Não Estiver Ali, Pule Fora	77
Capítulo 19	Um Passo Por Vez Te Leva Mais Longe	79
PARTE VII	O Parto	
Capítulo 20	Empresa Não Pode Ser Prisão	83
Capítulo 21	O Mundo das Ações	89
Capítulo 22	O Mundo dos Milagres	93
Capítulo 23	Uma Fotocópia Não É Sustentável	95
PARTE VIII	O Nascimento	
Capítulo 24	A Música Não Pode Parar	99
Capítulo 25	Cada Cultura, Um Aprendizado	103
Capítulo 26	Seja um Adulto com Alma de Criança	105
Capítulo 27	De Olho nos Números	109
Capítulo 28	A História do Homem Que Chegou Sem Nada	111
Capítulo 29	Semeadura e Colheita	115

Timeline   119

PARTE I

O Sonho

CAPÍTULO 1

Mar calmo não faz bom marinheiro

Ano de 2020.

Eu tinha acabado de receber um prêmio em Orlando e ser reconhecido pela sociedade norte-americana quando a turbulência começou.

A notícia chegou e nem tive tempo de digerir. A maior pandemia da história surgia por causa de um vírus de origem desconhecida e esse vírus se disseminaria por todos os países. As fronteiras eram fechadas, começava o burburinho em torno de como a economia reagiria a tudo isso e eu tinha a sensação de que já tinha vivido algo parecido.

Como fundador de uma holding detentora de dezoito empresas voltadas a serviços que geram bem-estar para a família, minha preocupação era entender como atravessar aquele momento turbulento.

Pensar em todo mundo – dos meus filhos, familiares, aos filhos e familiares dos colaboradores. Era gente à beça. E a responsabilidade de um empreendedor nesse momento é das grandes: tomar decisões que impactam na vida de gente que nem conhecemos.

Nascido no Brasil, eu vivia nos Estados Unidos desde os 18 anos e lembrava de outras crises – por isso muita gente me perguntava nas redes sociais: "E agora, Richard?

Meus pais tinham acabado de chegar do Brasil para me visitar e estavam hospedados lá em casa. Foi numa noite dessas que, percebendo minha ansiedade, o velho e bom Samy me chamou para conversar.

– Filho... mar calmo não faz bom marinheiro – foi a primeira frase que soltou.

Ele sempre foi um cara cheio de histórias para contar.

Meu pai e minha mãe se conheceram no Brasil. Ambos imigrantes – ele do Egito e ela do Líbano. E depois de pularem o muro numa domingueira do Clube Hebraica, dançaram juntos e nunca mais se desgrudaram.

E tiveram quatro filhos, sendo eu o mais novo.

Seus pais haviam imigrado da Síria para o Egito porque tinham ouvido dizer que o Egito era uma 'terra boa com muitas oportunidades'. Seu pai havia sido voluntário na Primeira Guerra Mundial e se juntado às forças inglesas e também tinha muita história para contar.

Sua vida no Egito seguia um rumo sem grandes acontecimentos, até o dia que marcaria uma ruptura em sua existência. Como ele mesmo disse, "cada coisa que acontece tem um motivo para acontecer".

Todos estavam reunidos em casa e ouviram uma explosão.

Começava um bombardeio.

O trauma tinha sido instaurado e os rastros daquele dia seriam ainda maiores. O governo do Egito começou a acusar os civis na espionagem e a situação ficava mais tensa do que eles poderiam supor.

Ao mesmo tempo uma de suas irmãs adoecia. A solução não parecia simples, mas num ímpeto de coragem meu pai declarou:

–Eu vou embora com ela daqui.

Não tinha dinheiro, planos ou qualquer perspectiva de que aquela viagem pudesse dar certo. A briga para um visto de saída era grande e foi a muito custo que conseguiram um papel com a autorização para sair do Egito.

Compraram, sem saber, um tíquete para viajar num navio pequeno que só podia andar pela costa, mas que atravessaria mar adentro. Ali, só perceberam a enrascada quando entraram. Não havia sequer cabine. Só que o grande milagre seria chegar em terra firme.

Logo na primeira noite, a tempestade veio. Os pratos caíram todos das mesas e dos armários e se espatifaram no chão. As cadeiras voaram de um lado para o outro.

O navio parecia que ia virar e as pessoas começavam a passar mal todas ao mesmo tempo. Vomitavam no chão, tentavam respirar. Imagine a loucura.

Os dias que se passaram foram um verdadeiro caos. Nem comer eles conseguiam.

Era jovem, mas sabia de uma coisa: "quando você não pode mudar uma situação, nem a enfrentar, resta aceitar aquele momento e esperar que ele passe".

Foi assim que tudo aquilo passou.

Ao chegar à Itália soube que no Egito chegaram a pensar que não haveria sobreviventes dentro do navio. De lá foram pra Israel enquanto a família permanecia no Egito, exceto Marco, o irmão mais velho que foi direto para o Brasil. Ele dizia que a vida em Israel era muito dura e havia se informado de que o Brasil havia aberto uma exceção que poderia receber cinco mil imigrantes do Egito.

Meu pai tentava sair, quando foi surpreendido pelo exército que o convocava. Só conseguiu escapar porque seu irmão mais novo estava alistado. Foi assim que chegou ao consulado brasileiro, em Telaviv, e foi acolhido pelo cônsul, que simpatizou tanto com sua história que carimbou 'visto permanente' em seu passaporte ali mesmo.

Foi assim que meu pai embarcou para o Brasil, cheio de esperança.

– Entende que mar calmo não faz bom marinheiro? – ele perguntou daquele jeito manso, depois de contar-me uma parte de sua história.

Eu comecei a relembrar a minha história. De quando tinha partido rumo aos Estados Unidos, aos 18 anos de idade.

Quanta coisa vivi com poucos dólares no bolso, sem imaginar que construiria um império. Tinha enfrentado poucas e boas, mas nunca vivido nada parecido com o que ele tinha acabado de contar.

Estávamos em terra firme, sentados confortavelmente em cadeiras dentro de casa. O mar não estava agitado. A mente inquieta começou a sossegar.

As turbulências faziam parte da vida desde que o mundo era mundo.

Estar diante delas era fazer parte da vida e elas sempre trariam mudanças.

Observei que apesar de assistir a um bombardeio, de sobreviver a uma tempestade em alto mar, a tantas viagens sem perspectiva de futuro, meu pai parecia entender que o segredo da vida era estar firme diante das adversidades e confiar que agir era o único remédio diante do medo.

Comecei a lembrar do meu passado, em como eu havia lidado com as crises que iam e vinham.

Eu também tinha muita coisa para passar para os meus filhos. Eu precisava logo escrever um livro.

CAPÍTULO 2

Imigrando para os EUA

Desde os onze anos de idade eu dizia que iria morar em Orlando. Não era apenas uma fala de criança birrenta: era uma certeza. A mesma certeza que a amiga da minha mãe tinha quando dizia para ela que se irritava demais com minhas travessuras quando criança:

– Calma, esse filho ainda vai te trazer muita alegria.

Eu não sabia que tipo de alegria era essa. Mas, certamente, eu queria dar orgulho para os meus pais, mesmo sendo um péssimo aluno na escola.

Minha frase preferida na época era: "um dia vocês ainda vão me respeitar". E também não fazia a menor ideia do que eu dizia quando queria ser respeitado.

Pelo o que eu fosse? Pelo o que eu teria? Não sabia. Mas queria ser respeitado.

Quando criança odiava ser julgado pela nota que a professora dava. Achava que a vida era tão mais complexa do que fazer uma prova para checar se tínhamos entendido um conteúdo qualquer. Mas ainda não sabia quais aptidões eu desenvolveria na idade adulta. Acho que ninguém sabe isso, ao certo, desde cedo.

Foi aos 18 anos de idade que cheguei aos Estados Unidos para estudar inglês, ainda sem muita certeza se iria ficar. Não era mais o menino que chorava e queria ficar brincando na Disney, mas ainda era um jovem que gostava de ver o lado bom da vida. O garoto que cresceu, mas não deixou de sonhar.

Foi por isso que sofri quando percebi que ser um estrangeiro numa terra onde não havia uma comunidade brasileira era mais difícil do que eu poderia supor.

Para um menino que tinha crescido numa casa cercado de três irmãos, estar sozinho e longe de todos era um verdadeiro martírio.

Richard no Lake Eola Park em Orlando (FL), recém-chegado aos EUA em 1996.

Eu estudava inglês, tinha o intuito de cursar Psicologia nos Estados Unidos para ajudar as pessoas com seus conflitos internos, mas não conseguia dar conta das minhas próprias inquietações.

Aprender o idioma não foi fácil. Era um desafio intenso e, além disso, eu achava que tudo podia dar errado. Eu carregava todos os pensamentos possíveis – tanto de não conseguir concretizar nada do que havia sonhado, não ser bem-sucedido, não ter dinheiro para comer ou morar na rua. Eram pensamentos que me assaltavam quando eu menos esperava – e nem sabia de onde vinham.

Comecei a trocar o dia pela noite, porque passava as madrugadas acordado. Colocava a televisão num canal em espanhol e ficava assistindo, sem saber direito o que me esperava. Não tinha com quem interagir, então a familiaridade da língua latina me fazia sentir melhor.

Pelo menos aprendi espanhol com os canais de TV espanhola e aquelas noites não foram em vão.

Às vezes eu olhava para o céu no meio da noite e ficava ruminando os pensamentos: 'pareço um exilado'. Sozinho, não havia com quem compartilhar nem alegria e nem sofrimento.

O pior é que eu que tinha escolhido estar lá. Não parecia estranho eu não estar feliz?

E embora não pudesse reclamar de nada, porque estava numa casa com todo conforto possível, vi o que eu nunca percebi até então: precisava estar cercado de pessoas para ser feliz. Não queria continuar ali sozinho.

Eu que sempre fui extremamente conectado com meus pais e irmão, porque possuía uma família numerosa, de repente me vi com um sentimento que eu não conhecia.

Mas eu não queria jogar tudo para o alto. Precisava entender que fazia parte da construção de um sonho, o ônus e o bônus que vinham com ele. E

Richard ao lado de sua mãe, Rachel Harary, em Orlando em 1996.

Primeira aula de inglês no Lado Institute em Orlando quando Richard se preparava para entrar na University of Central Florida.

entendia que aquele sonho de morar lá era grande demais. Maior ainda que a solidão que eu sentia. Maior que o buraco que se abria dentro do meu peito.

O sonho venceu a saudade. E aí eu pergunto a você: seu sonho é maior que seus medos? Seus sonhos são capazes de vencer seus maiores desafios? Porque muitas vezes achamos que faríamos tudo para chegar aonde queremos, mas geralmente tropeçamos em obstáculos que parecem intransponíveis. Para mim era o fato de ficar sozinho. Para você, pode ser outra coisa. A verdade é que tive que superar algo que gerava uma sensação que eu nunca imaginei que pudesse dar conta.

Na vida, às vezes quando você está a caminho, em direção àquilo que você mais quer, você encontra algo que precisa enfrentar dentro de si mesmo. E não é que superei todos os meus medos. Mas os enfrentei.

Lidar com essa solidão e com a sensação de que eu não tinha com quem contar era desesperador. E se você acha isso estranho, espere só para entender como eu pensava naquela época!

Eu ficava imaginando tragédias como: *"E se eu cair da escada e morrer? Quantos dias vão demorar para alguém encontrar meu corpo?"*

Eram coisas extremamente improváveis que talvez nunca tenham passado pela sua cabeça, mas eu ficava frequentemente em estado de alerta supondo situações absurdas. A mente da gente é traiçoeira e o fato de não conhecer os vizinhos me fazia pensar nas piores situações sem ser socorrido: "não conheço nem o vizinho, não conheço ninguém. Com quem poderei contar?". Não chegava a ser uma paranoia, mas eu sabia que o fato de não falar inglês também dificultava as coisas.

A verdade é que quando estamos em qualquer situação nova, isso nos causa novos medos. São medos que nem sempre chegam a ser paralisantes, mas que nos trazem um desconforto inimaginável para que tenhamos história para contar.

Quando eu não estava assistindo aos canais em espanhol, passava as madrugadas no Walmart, para que eu pudesse satisfazer a vontade de ver pessoas. Eu girava em círculos. Tinha vontade de sair, mas muita vergonha de ir a um bar ou restaurante sem amigos, e por isso, me sentava no jardim de casa e procurava lagartixas, baratas e insetos para ver o tempo passar.

Mas lembre-se do que eu falei lá no início: o sonho.

O sonho era muito grande. Eu queria dar orgulho aos meus pais. Eu queria vencer num país estrangeiro.

Sabia que tinha sido um péssimo aluno, que tinha dado muito trabalho aos meus pais. Queria mostrar que isso não fazia de mim uma pessoa ruim e que eu podia ter um futuro. Não queria ser o filho que só dava problemas. Queria ser um cara que trouxesse soluções, unisse a família e os fizesse se orgulharem de mim.

Eu sabia, acima de tudo, que a luz podia sair da escuridão. E hoje entendo perfeitamente que não estamos condenados a ficar eternamente na mesma situação. Não importa se você já foi uma pessoa da qual não se orgulha, se teve notas baixas na escola.

Sempre é tempo de recomeçar. O hoje é tudo que temos para construir nosso futuro.

Mesmo um aluno com desempenho escolar abaixo da média, que repete duas vezes de ano, pode transformar o seu futuro. Qualquer pessoa pode fazer um novo futuro quando decidir isso.

A sua história pode ser mudada todos os dias. Aprenda isso: você pode acordar um dia e dizer: vou mudar a minha vida. Tenho uma página em branco e vou escrever um novo começo.

Esse dia também chegou para mim quando acordei e decidi estudar e começar a vida nos Estados Unidos, corrigindo as coisas que eu tinha feito no Brasil. Aquele novo Richard seria um sujeito dedicado, esforçado, que olhava para o futuro. Mesmo assim, para me tornar esse indivíduo, eu tive que lidar com as minhas sombras.

Eu era um adulto solitário, triste e sozinho, mas fazia o possível e o impossível para superar meus medos e conquistar o que eu tinha sonhado. E como queria diminuir a distância da minha família, usei minhas reservas para comprar um computador.

Era nele que eu escrevia e-mails para meu irmão. Trocávamos e-mails o dia todo e eu ficava ansioso pelas respostas. Mas não era suficiente. Por isso, comprei uma câmera onde conectava ao computador e ficávamos conversando em vídeo, com a imagem distorcida e em tempo contado.

Sempre com esperança de que um dia todos pudessem se mudar para lá, eu sonhava com o dia em que estaríamos juntos novamente, embora nem pensasse em voltar para o Brasil.

Neste período eu trabalhava em um restaurante chamado "Piratas", ganhava cem dólares por turno e me sentia satisfeito com a grana, embora aquelas fossem as horas mais suadas do meu dia.

Eu era garçom, servia bebidas nas mesas e os clientes eram estupidamente arrogantes. Xingavam, maltratavam e mesmo que eu ten-

Richard com seu pai, Samy Harary, e o irmão, Vitor Harary, em 1997 quando havia comprado sua primeira casa nos Estados Unidos.

tasse me desconectar daquilo, porque via que não era o jeito certo de se tratar uma pessoa que está trabalhando dignamente, suportava as humilhações calado.

Eu já estudava inglês quando também comecei a fazer *transfer* e levar pessoas a lugares. Estudava de dia e trabalhava de noite e cada vez mais valorizava o trabalho do meu pai – que tinha me levado até ali.

Meu pai tinha pisado no Brasil com uma mão na frente e outra atrás. De navio, desembarcou no Porto de Santos com um único objetivo: recomeçar sua vida num país estrangeiro. E foi cheio de esperança que se instalou na colônia judaica no Bom Retiro.

Ele e eu possuíamos algo em comum quando decidimos pisar em outro país para começar uma vida nova: ambos tínhamos a mesma idade e nenhuma preguiça de trabalhar.

Meu pai não contava com a sorte, mas acreditava em destino. Embora sempre dissesse: "O destino existe, mas ele exige de nós uma ajuda. Não dá para pular numa piscina profunda sem saber nadar. A gente cria o destino".

Mas o que eu queria que você soubesse antes de imigrar para um país estrangeiro e achar que tudo é muito simples e fácil é: você pode até querer, mas tem que querer muito, porque enquanto você tem um pouquinho de vontade e está pensando em ir para o outro país, tem gente, literalmente, morrendo tentando cruzar a fronteira a pé.

Então, se você não quiser muito, não sobrevive. É fundamental querer do fundo da alma. Querer enfrentar seus demônios internos, superar seus medos, encontrar de frente com dificuldades que não imaginava. É preciso saber que um dia você pode pensar em desistir, pode ser passado para trás, enganado, humilhado ou encontrar uma realidade diferente daquela que achou que avistaria.

Criar o destino foi difícil, mas vejo que não teria forças hoje para fazer tudo que fiz naquela época ainda aos 18 anos. Desde coisas simples, como aprender a limpar a casa, fazer comida, passar roupa, limpar vidros e banheiros, até aprender a crescer. Até aprender a me virar sozinho, sem ajuda nem de conhecidos, nem desconhecidos. Tirar o próprio sustento, aprender uma língua nova, lidar com o vazio, a solidão, a falta da convivência com as pessoas que você ama.

Virar adulto num país estrangeiro, sem pessoas conduzindo você, não é fácil.

É como ser jogado numa selva com leões e tentar se desviar de cada um deles dia após dia. Sabendo que nenhum está querendo um abraço. Eles sentem o cheiro de carne fresca.

A vida não ia ter pena de mim.

CAPÍTULO 3

Qual seu objetivo?

Você já saiu de casa sem GPS?

Sabe como é: fica vagando sem rumo e não chega a lugar nenhum. Quando não sabe aonde vai, fica dando volta em círculos. Talvez em uma hora caia em um lugar incrível. Talvez se perca ou perca tempo. Talvez acabe numa grande cilada.

Hoje vejo jovens de 18 anos sem saberem aonde querem chegar. Só dizem que querem "ser felizes" e nada mais. E vamos combinar: todo mundo quer ser feliz. Mas a maior parte das pessoas associa felicidade a prazer. E pior, a prazer momentâneo.

Quando cheguei aos Estados Unidos não havia sequer um prazer momentâneo. Meu prazer era lutar por um objetivo muito maior, que iria durar muitos anos.

Hoje vejo que a chance de um garoto que é herdeiro ou tem uma condição legal de vida ter sucesso, depende só dele. Não é menor, mas muitas vezes ele cresce tanto sem objetivos, sem conhecer as dificuldades da vida que quando elas chegam, mal sabe se virar.

Não é que é mais difícil, mas ele tem que saber aproveitar as condições.

Para que você tenha ideia do que estou dizendo, vou te contar dessa epidemia: crianças com zero tolerância à frustração, que têm surtos de raiva quando seus desejos não são atendidos, mandam e desmandam nos pais, têm até nome – é a tal da Síndrome do Imperador.

Filhos de pais que facilitam a vida das crianças ao máximo para que eles não sofram, criam tiranos que não sabem se desenvolver. A expressão "Síndrome do Imperador" nasceu por causa da criação da política do filho único – implementada na China, em 1979. A criança tornava-se o centro da família, e o comportamento só piorava porque algo presente na nossa sociedade é uma geração que sofreu muito para suprir suas necessidades básicas. E não queriam que os filhos passassem pelo mesmo.

E o resultado disso é que quando as crianças não têm contato com frustrações, limites e regras, enfrentam muitas dificuldades na vida adulta. Porque todo mundo sabe que a vida não facilita nada para ninguém.

Essas crianças crescem sem nenhum objetivo na vida. Sempre tiveram tudo a seu dispor e não sabem para onde ir. Vagam sem ter aonde chegar e acabam deprimidos ainda adolescentes, sem sentido na vida.

Eu sempre pergunto às pessoas para exemplificar: se colocarmos um navio no mar e não dermos direção, para onde ele vai?

Talvez ele encontre uma terra firme se estiver vagando ou se por *acaso* bater em algum lugar. Mas se você tem um objetivo e uma direção, ou o destino aonde quer chegar, é mais fácil apontar e escolher a direção para onde você quer ir. E seguir até chegar.

Se você não sabe o que quer, não vai para lugar algum.

Quanto mais cedo você sabe pelo que quer lutar, mais firme segue em direção ao seu destino. E quando você alcança o seu objetivo, é preciso criar um novo.

Não tem como criarmos objetivos do que não sabemos ainda.

A vida vai desvendando coisas novas. Não podemos colocar objetivos para o que seremos logo no começo, porque as descobertas acontecem conforme vamos caminhando em direção ao objetivo traçado.

O que quero dizer com isso? Por exemplo: como eu poderia dizer que era o maior vendedor de produtos de bebê, se nem sabia que seria empresário? Na época, eu buscava sobrevivência num país estrangeiro e queria um visto para poder estudar Psicologia.

Então, entenda que cada objetivo nos traz outra nova perspectiva.

Eu ainda não sabia exatamente o porquê de ter o *Green Card*. Não sabia que isso me traria novas possibilidades. O que quero dizer é que conforme vamos conhecendo nosso caminho, novos objetivos vão se formando.

Então, você pode estar se perguntando: "em que momento você abandonou a ideia de ser psicólogo e decidiu tornar-se empresário? Por que fez isso?"

A verdade é que meu irmão Vitor, um grande mentor em minha vida desde que eu era criança, me trouxe uma nova visão quando eu liguei para ele e disse que estava indeciso.

— O que vou fazer? Estou estudando aqui há um tempão, mas abri uma lojinha de mala, na brincadeira, e está dando dinheiro. Se eu focar mais, vai dar dinheiro, mas meu sonho é ajudar pessoas.

Ele parecia não entender.

— O que tem a ver uma coisa com a outra. Por que você não pode ajudar pessoas com a loja?

Respondi que como psicólogo eu poderia ajudar muita gente, e ele respondeu:

— Como psicólogo você é um só. Como empresário você pode ajudar pessoas sem se limitar ao seu tempo. Com o dinheiro você pode ajudar as pessoas.

Eu percebi que a minha missão era ajudar pessoas. Desde pequeno eu buscava isso.

Nessa época, era meu irmão quem me direcionava para as escolhas certas. E se quando temos um objetivo não temos alguém ao nosso lado para nos lembrar dele, podemos fatalmente ir para um caminho que nos distancia cada vez mais deste propósito.

Um exemplo foi quando, ainda jovem, comecei a ganhar dinheiro nos Estados Unidos e quis comprar um carro daqueles esportivos de playboy. Meu irmão me alertou de que eu não precisava daquele carro naquele momento.

– Você está nos Estados Unidos para dar certo e não para se divertir – ele disse.

Meu irmão me fez perceber que eu não podia desviar do meu caminho. Na época fiquei bravo, mas ele disse:

– Um dia você vai entender isso. E vai poder ter o carro que você quiser.

Eu não comprei o carro. E anos depois, já estável, liguei para ele. Já estava com 35 anos. Queria comprar um Maserati.

– O que você acha?

Ele riu.

– Se você está me perguntando isso é porque já sabe que hoje pode comprar. O valor não está no carro. Comprar ou não comprar não faz mais diferença nenhuma.

Comecei a entender que quando temos condições e podemos fazer a compra, já saímos da Matrix.

Muitos ainda estão ganhando muito dinheiro e acabam usando para comprar coisas e mostrar para os outros. Para ostentar, para atrair mulheres. Estas pessoas ainda estão na Matrix. Ainda pensam dentro de uma lógica de ter dinheiro para mostrar para os demais.

Sendo assim, o objetivo de alguém nunca pode ser "ser rico" ou "ter dinheiro."

E crescer dentro de uma atmosfera que me fez entender que o que tinha valor não era ter dinheiro e bens, me mostrou isso. Tudo é uma grande ilusão.

Certa vez li um texto atribuído a Alexandre, o Grande. Dizia que quando ele estava à beira da morte, havia convocado seus generais e seu escriba para relatar seus três últimos desejos.

Os desejos tinham sido os seguintes:

1. Que o meu caixão seja transportado pelas mãos dos mais reputados médicos da época. 2. Que seja espalhado no caminho até meu túmulo meus tesouros conquistados (prata, ouro, pedras preciosas...). 3. Que minhas duas mãos sejam deixadas balançando no ar, fora do caixão, à vista de todos. Um dos seus generais, admirado com esses desejos, pergunta a Alexandre a razão destes.

Richard e seu irmão Vitor em sua primeira visita à University of Central Florida.

Alexandre explica então:

1. Quero que os mais iminentes médicos carreguem meu caixão, para mostrar aos presentes que estes NÃO têm poder de cura nenhuma perante a morte. 2. Quero que o chão seja coberto pelos meus tesouros, para que as pessoas possam ver que os bens materiais aqui conquistados, aqui permanecem. 3. Quero que minhas mãos balancem ao vento, para que as pessoas possam ver que de mãos vazias viemos, de mãos vazias partimos.

Por isso, quando traçar seus objetivos de vida, lembre-se destas palavras.

O que tem preço nem sempre é o que tem mais valor.

Alexandre, O Grande.

CAPÍTULO 4

A loja de malas

"E se eu começar alguma coisa pequena?"

Comecei a pesquisar que tipo de empresa poderia abrir, e a primeira coisa que me veio à mente foi abrir uma franquia. Parecia a opção certa. Pegar um empréstimo de 150 mil dólares, abrir a loja, qualificar e ganhar o visto de trabalho.

Passei a investir tempo nessa empreitada. Estava determinado a ter um visto de trabalho. No entanto, quanto mais caminhava nessa direção, mais aquilo me parecia absurdo. Como eu, um sujeito que mal sabia preparar um sanduíche ia abrir uma franquia do Subway? Eu nunca tinha tido um negócio. Ia justo me pendurar num empréstimo no banco sem a menor experiência naquele ramo?

"E se eu começar alguma coisa pequena?"

Foi assim que mudei a perspectiva e passei a farejar as coisas de uma outra forma. E recebi a notícia de que uma lojinha de malas chamada "Macro" estava à venda. O valor era exatamente o que eu podia desembolsar: Sete mil dólares. Eu poderia pagar o display, as malas que estavam no estoque e ficar com aquela loja de 100 metros quadrados.

Tudo parecia perfeito, exceto o fato de que o lugar era morto e estava caindo aos pedaços. A negociação foi feita tranquilamente e o proprietário chegou a me treinar durante um mês para que eu soubesse vender malas. A ideia de conseguir o visto de trabalho estava cada vez mais próxima.

Mas eu ainda não tinha preenchido a minha mala com experiências que poderia carregar ao longo da vida como empresário. Aquela era a primeira – e por ser a primeira, trazia desafios diferentes dos quais encontro hoje. Se atualmente, com centenas de colaboradores eu sei o peso da responsabilidade que carrego nas costas, quando era só eu,

Aquisição da loja de malas Macro Luggage por US$ 7,000 em 1999.

sabia que a carga também era pesada, mas num outro sentido: afinal, quem começa um negócio precisa fazer de tudo um pouco. Era eu quem buscava as malas, descarregava, abria e fechava a loja. E se hoje tenho um departamento específico para cada micro decisão, na época não era assim que eu tinha aprendido como se prosperava. A verdade é que esse cara que começa um negócio novo e quer vencer na vida precisa fazer absolutamente tudo quando se mete na empreitada de colocar a mão na massa. Não adianta terceirizar ou contratar alguém que faça aquilo que precisa ser feito.

Eu sabia que tudo tinha seu tempo de maturação e meu pai havia ensinado na prática que certas coisas só o tempo constrói. É que para crescer eu precisava me dedicar ao negócio. Não bastava esperar o tempo da colheita. O plantio era necessário.

Hoje sei que mesmo com os melhores engenheiros do mundo não podemos construir um prédio de 30 andares em um único dia. Com todo recurso de um país não criaríamos uma vacina numa semana. Isso porque as coisas têm um tempo de maturação próprio e se você deixar que se formem no tempo delas, de repente a vida transforma aquilo através do silêncio.

Tudo tem seu período de maturação e precisamos plantar até que chegue a hora da colheita.

No meu caso, era hora do plantio.

Só que veja bem: eu não gostava de coisa mal feita, era perfeccionista e queria plantar direito. Então, comecei a reorganizar aquela loja. Como eu não gostava de bagunça – o que era uma característica clássica minha, acreditava que precisávamos manter um padrão e isso não é só estético: eu queria colocar energia nas coisas. Mesmo sem ter qualquer relação de amor com o estabelecimento.

A primeira coisa que devemos fazer quando decidimos tocar um negócio – seja um grande projeto ou uma loja de malas de 100 metros quadrados, é ter em mente que embora estejamos aparentemente sozinhos, precisamos buscar quem são nossos aliados. Naquele caso, as fábricas de malas precisavam de uma visita.

Abri conta com algumas delas e descobri fornecedores mais baratos. Ao mesmo tempo, fazia placas profissionais que destacassem a loja e os produtos. Tirei as grades de proteção da loja e pensava: "é melhor ser rou-

Richard no interior da Macro Luggage em Orlando, ao lado dos primeiros produtos da Samsonite a serem comercializados em sua loja.

bado do que um cliente passar aqui na frente e não ver os produtos". E instintivamente, mesmo sem nunca ter tocado um negócio, ia aprendendo o que precisava ser feito e fazia o que achava que era certo.

Também arranquei logo nos primeiros dias o insulfilme dos vidros para que a loja ficasse mais iluminada, aumentei a porta de entrada para dar a sensação de amplitude e mesmo que aquelas mudanças me dessem a impressão de que tinha construído um estabelecimento melhor, ainda não tinha retorno suficiente no faturamento da empresa.

– Preciso descobrir como vender mais – pensei.

E foi assim que corri até o aeroporto com a intenção de fazer a seguinte pergunta às companhias aéreas: "Afinal, o que acontece quando as malas quebram durante um trajeto no voo?"

A pergunta me trazia um novo negócio. Eles repunham. Saiam dali e compravam uma mala nova para o passageiro. E eu tive a ideia de fazer aquele trabalho. "Posso trazer aqui ou entregar direto para o passageiro. E darei dez dólares de comissão para cada mala indicada". Negócio fechado, comecei a vender malas para pequenas e grandes empresas aéreas, American Airlines, Delta e fazer amizades com quem estava há mais tempo no ramo.

Um deles, o Randy, se tornaria meu mentor e grande amigo logo depois. Com a maior loja de malas do aeroporto, ele morava em Orlando e tinha perdido a conta de uma das maiores marcas de mala e foi aí que passei a fornecer a ele. Naquele momento, eu ganhava um verdadeiro guia de viagem que me conduzia pelo mundo das malas. Ele me apontava as feiras que eu passava a frequentar e entender deste vasto universo. Sabia qual mala era adequada para cada bolso, começava a entender do meu negócio como ninguém.

Só que o vento sopra cada dia para um lado, e quando achamos que ele está a nosso favor, muitas vezes muda a direção repentinamente. Foi o que aconteceu certa manhã, quando soube que a Costco, um grande magazine que ficava ao lado da minha loja, fecharia as portas.

Do dia para a noite minha loja ficaria abandonada numa rua onde não havia qualquer movimento. Aquilo virou um verdadeiro deserto.

Fui negociar o valor do aluguel, enquanto tentava vender mais para o aeroporto e decidi dar força total às inovações para não perder os poucos clientes que passavam por ali. Fiz camisas com o logotipo da empresa, troquei os carpetes, mudei as prateleiras, mas o melhor é que entendia exatamente como atender os clientes.

Comecei a perceber pequenas estratégias que atraíam fregueses, como ter a loja sempre cheia. Então, chamava amigos para tomarem café comigo. Pedia para colocarem o carro ali na frente. Percebia, desta forma, que loja vazia era o maior espanta cliente que existe. Pouco a pouco, comecei a entender do meu negócio e consequentemente, a crescer.

Nesta época eu observava o vaivém das pessoas que entravam e saiam do meu estabelecimento e percebia pessoas endinheiradas, outras com menor poder aquisitivo. Todas elas tinham viagem marcada, passavam por ali ansiosas com o ponto de chegada e com a viagem que fariam, mas eu começava a entender que possuíamos também algo mais em comum: na vida todos tinham uma passagem só de ida. Com dinheiro ou sem dinheiro, era o relógio correndo para todo mundo. Um dia a menos na conta, independente de quantos dólares no banco.

Não adiantava preocupar-me com o faturamento do final do mês. Minha preocupação não ia colocar um dólar a mais na minha conta. Mas faria com que eu adoecesse, perdesse tempo e saúde. E foi aí que entendi o grande segredo que me faria prosperar na vida: eu não podia levar a vida tão a sério.

No fundo eu ainda conservava a pureza daquele menino. Tinha só crescido um pouco e estava lidando com um negócio de gente grande, tentando administrar as contas e ganhar dinheiro de forma digna e justa, mas de que adiantaria correr feito louco atrás de um faturamento maior ou perder noites de sono se preocupando com aquilo tudo?

Hoje falo para os meus filhos que de todas as pessoas que conhecemos que vivem conosco, nenhuma estará viva daqui a cem anos. Nem o bebê que estiver nascendo, nem o cara mais rico do mundo. E por que digo isso? Porque quero que saibam desde cedo que o maior aprendizado é saber que a vida não é tão séria. E tem gente que só se dá conta disso nos últimos minutos de vida.

Quanta gente não passa a vida se preocupando com trabalho e de repente tem uma doença ou um acidente e percebe que não vai ter mais tempo de vida? Só que nem todo mundo tem essa iluminação. E ela não vem do dia para a noite, enquanto estamos dirigindo numa autoestrada com um cigarro na boca.

A vida não é para ser tão estressante como ela é para as pessoas. E talvez muitos de nós só se darão conta disso quando estiverem diante de situações traumatizantes, que nos colocam em sintonia com os valores da vida.

Aprendi que existem na vida duas mudanças: uma temporária e outra para sempre. Uma pessoa materialista vai para a UTI e decide buscar Deus, mas aquilo é temporário. Logo ele sai do hospital e entra no piloto automático novamente.

Só que existe a mudança permanente, que é aquela que nos faz viver de outra forma. Quando vemos

Atrás do balcão, Richard estava sempre em busca de desenvolver seus negócios.

que a vida não é só trabalhar e pagar contas. É aí que passamos a enxergar as coisas sob uma nova perspectiva. E então crescemos internamente. Mas olha que ironia: esse crescimento interno nos torna mais leves. Ficamos mais atentos e presentes aos presentes que a vida nos dá.

O tamanho da bagagem podia variar de pessoa para pessoa. Cada um tem uma bagagem de vida para carregar por aí. Mas de que forma carregamos tudo isso?

Eu não tinha a menor ideia do que ia acontecer comigo dali para a frente. Lembrava da história do meu pai, que tinha chegado ao Brasil sem nada. Lembrava da minha própria trajetória ali, naquele país estrangeiro, onde eu tentava me firmar.

Sabia que eram histórias distintas.

Cada um tinha um caminho a trilhar e conforme percorríamos as experiências, elas iam nos amadurecendo e poderiam fazer duas coisas conosco: nos tirar a alegria de viver, roubando nossa pureza de espírito a cada dia que observássemos a dureza do mundo ou elas podiam nos transformar em crianças novamente à medida que percebêssemos o quão ridículo era levar a vida tão a sério.

A bagagem pode ser grande, mas nunca pesada o bastante para que você não possa carregar. Porque se tem algo que aprendi como vendedor de malas é que cada um carrega a sua por onde vai.

Somos responsáveis pelo tanto de peso que levamos dentro dela.

E a vida pode e deve ser leve. Sem pagar pelo excesso.

PARTE II

As Tentativas

CAPÍTULO 5

Recalcular a rota é preciso

Muito antes de se falar em coronavírus eu já falava de outras crises que tinha vivido. E a memória das pessoas é curta, porque depois que o furacão passa e devasta tudo, pouca gente se lembra de como foi que as coisas aconteceram.

Era 2001.

Eu estava no meu quarto, me arrumando para sair e soube que um avião havia se chocado com uma das Torres Gêmeas, em Nova Iorque. Segundos depois, assisti ao segundo avião se chocando contra a segunda Torre. Não era um acidente: era um atentado.

Fui ao mercado e o pânico era generalizado: as pessoas olhavam para o céu e corriam apavoradas ao verem um avião, achando que eles cairiam também em Orlando e a ordem dada pelas autoridades era clara: todos os aviões deveriam pousar onde estivessem, imediatamente.

As torres gêmeas do World Trade Center, destruídas no atentado de 11 de setembro de 2001. Foto: Jeff Mock.

Era um cenário inacreditável.

Todos estavam em choque com aquele evento completamente inesperado e o mundo em luto com as milhares de mortes.

Na época eu tinha minha pequena loja de malas de 100 metros quadrados. Vendia malas de viagem tanto na loja física quanto no aeroporto, onde repunha as bagagens que quebravam durante um voo. Tinha feito uma parceria com as companhias aéreas que me garantiam uma venda certeira assim que surgiam reclamações de clientes.

Além disso, fornecia algumas malas para a maior loja de malas do aeroporto – a do meu amigo Randy, e começava a colocar algumas delas na internet para diversificar os canais de venda.

No dia seguinte da fatídica queda das Torres Gêmeas recebi uma ligação do próprio Randy com a notícia:

– Os aeroportos foram fechados.

Mesmo que aquilo fosse esperado, não tínhamos previsão de quando seriam reabertos e, conforme os dias se passaram, percebi que existia um impacto no meu negócio que eu não havia previsto: ninguém mais viajava, nenhum americano queria entrar num avião e, consequentemente, ninguém mais comprava malas.

Era inacreditável.

Os pedidos na internet também tinham parado, as companhias aéreas não traziam mais nada, o Randy fechou suas duas lojas e eu sofri uma queda de 90% no meu faturamento.

Os Estados Unidos entravam numa recessão do mercado de turismo.

Com isso, era comum ver dezenas de lojas de brasileiros começando a quebrar porque não viam mais a cara do turista. O comércio sofria os impactos e eu comecei a pensar: o que posso vender que não esteja relacionado ao turismo?

Na época, eu lia um livro interessante que me despertava para a mudança. O nome do livro era "Quem mexeu no meu queijo?" do Spencer Johnson, uma fábula sobre como as pessoas lidavam com transições.

Eu sabia que o ser humano tinha a tendência a evitar mudanças, ou fugir delas. Mas elas eram inevitáveis. E o queijo era uma metáfora para as coisas que necessitávamos. Sabe o objetivo que você tem na sua vida? Para os ratinhos do livro é o queijo. E o labirinto é a metáfora da vida. Qualquer lugar onde passamos nosso tempo buscando aquilo que desejamos. O que acontece com o queijo? Desaparece. Cada personagem reage de um jeito.

Poucos se adaptam e atuam. Da mesma maneira, na vida empresarial, sempre reagimos visando conquistar espaço, sucesso pessoal e profissional. Ao mesmo tempo, acreditamos que nossa posição é sólida o bastante para não ser destruída a nenhum momento. Achamos que controlamos tudo.

É aí que sofremos. Que somos inflexíveis, que resistimos às mudanças e morremos pelo caminho.

Um dos personagens fica parado esperando o queijo reaparecer. Outro fica aguardando a reação dos outros.

Quem reage e busca uma solução acaba encontrando seu queijo. E o livro mostra que tudo está à nossa disposição quando nos adaptamos e compreendemos as mudanças. Nós que temos que mudar, não o mundo.

Mudar ou morrer?

Naquele momento, eu sabia que precisava de outro produto, e logo.

E um dia, olhando para a minha bicicleta, olhei para os faróis noturnos e pensei: será que isso vende no eBay?

Muita gente nessas horas acaba na pergunta, mas eu parti para a ação. Decidi comprar umas dezenas de faróis e colocar no eBay para vender pela internet. Vendeu – e vendeu rápido.

Então, comecei a perceber que poderia vender outras peças para bicicleta. Comecei a abrir contas com fábricas de acessórios e os distribuidores perguntavam se eu tinha loja – quando respondia que sim, alguns deles diziam: "Então vamos mandar o representante aí!".

Lá ia eu correndo para comprar cinco unidades de bicicleta e agrupar em frente à loja para receber o representante, que aceitava abrir a conta.

O faturamento começou a subir, comecei a vender que nem louco no eBay – e aparentemente tinha saído da crise. Mas aqui não vou contar das vitórias e sim das crises que passei. O episódio do eBay, que fez com que eu me tornasse o segundo maior na plataforma – fica para um outro capítulo, já que aprendi ali uma grande lição.

O que eu quero que você observe no seu segmento é como pode mudar ou fazer diferente. Se tem uma padaria e as pessoas não compram mais ali, explore dentro do que você já fabrica.

Se muita gente quer perder peso porque está em alta "cuidar da saúde" e a padaria não vende como antigamente, para onde devo olhar para me reinventar? Já pensou em fazer pão com farinha de amêndoa? Explorar outra coisa dentro do seu segmento? Que tal fazer pão low carb francês congelado?

Explorar seu próprio segmento é ser flexível. Pense fora da caixa do seu segmento.

Se você faz doces, vamos pesquisar como podemos vender dentro do seu segmento. Seja o que for que você faz, observe o que pode oferecer dentro do seu universo de possibilidades.

Na Macro Luggage, ocupado em resolver problemas que surgiram em 2001 devido aos atentados de 11 de setembro.

Eu sei que muita gente tem dificuldade de desapegar da maneira como faz negócio. Para todos aqueles que me dizem: "Para você foi natural, Richard, porque era questão de sobrevivência", eu lhes garanto o seguinte: "Sempre é uma questão de sobrevivência".

Vamos imaginar que você é um piloto de avião há 30 anos. Você está pilotando seu Boeing em piloto automático – o que é conveniente, porque pode fazer outras coisas enquanto isso – e de repente começa uma tempestade e você precisa desviar, estudar uma nova rota. Não é nada confortável tirar do piloto automático.

Eu piloto e sei como é difícil quando saímos do piloto automático.

Você já deve ter passado por uma turbulência. É a hora em que o avião sai do piloto automático. O piloto automático é muito perfeito e segura a altitude do avião de maneira automática.

Só que o piloto automático não desvia da tempestade. Ele não sabe fazer isso. É você quem deve sair da rota. Não podemos ficar à mercê de um raio, uma ventania.

No dia de tirar a minha licença aérea havia uma tempestade. Geralmente é uma simulação, mas naquele dia existia exatamente uma tempestade se formando. Eu usei as informações disponíveis e desviei a rota.

As tempestades são mais comuns do que imaginamos. E precisamos sair do piloto automático quando vemos que elas estão se formando.

Desviar da rota é preciso, principalmente em situações de adversidade.

Mesmo que não seja confortável, sair do piloto automático não é simples.

Sua empresa está cheia de funcionários. É você quem a conduz, por mais que você tenha uma desvantagem e alguém já esteja na sua frente. Eu acredito que tudo na vida tem um fim.

Um dia, num passado nem tão distante, alguém já foi milionário vendendo carroça, até que alguém inventou o carro e a carroça deixou de existir. Existem segmentos que naturalmente irão acabar. Se você vendeu espadas, elas eram úteis nas batalhas, até que a pólvora fosse inventada e a descartasse como algo que não tem mais serventia.

Se você tem fábrica de helicópteros hoje e está na sua zona de conforto, saiba que existe um menino curioso e inquieto num quintal qualquer pensando em como fabricar um drone elétrico e quando ele lançar, por um custo menor, você terá que reinventar todo o sistema com o qual estava acostumado.

Então, se você tem uma empresa com uma estrutura de cem milhões de dólares, pode estar em desvantagem em relação a alguém que já está pensando lá na frente. Por isso, recalcular a rota é algo que devemos fazer todos os dias, independentemente se estamos ou não passando por uma área de turbulência.

O piloto desvia da rota para sobreviver, mas ele ainda não encontrou uma nova rota. Você precisa desviar da rota e depois recalcular e traçar um novo destino.

As tempestades sempre irão se formar. Prepare-se. Reinvente-se. Ou morra.

Essa é a vida.

CAPÍTULO 6

Trabalho como ferramenta do sucesso

Desde que comecei a diversificar os produtos que vendia, passei a observar o que poderia vender de novo no eBay. Malas, sacos de dormir, acessórios para esportes. E tudo sempre de marca consagrada.

Eu buscava o tempo todo novidades, qualidade e pesquisava o que as pessoas mais buscavam nas pesquisas e o que mais vendia na internet. Era um período em que pouca gente vendia online, mas eu via que aquele novo mundo era o futuro.

Eu tinha a humildade de entender que não sabia nada daquele mundo tecnológico e sempre me lembrava de um episódio quando havia visitado um mestre japonês que morava na Liberdade em São Paulo e ouvira dele as seguintes palavras: "O maior sábio é aquele que acha que não sabe nada". Esta frase ficou martelando na minha cabeça até que eu pudesse entender o que ela dizia. E conforme vinham as mudanças em minha vida, eu sabia de fato: admitir que não sabia nada do futuro fazia com que eu não desprezasse as circunstâncias presentes.

De certa forma, eu era muito pragmático e cético. Não acreditava em nada do que as pessoas me diziam, mas era uma pessoa que gostava de pesquisar e entender a fundo sobre todo o caminho em que eu pisava.

Só para você ter uma ideia, quando me mudei para os Estados Unidos fui em seis advogados diferentes para entender como conseguia um visto de tra-

Meg Whitman, CEO do eBay, fazendo uma apresentação na época em que Richard foi convidado para conhecer a empresa.

balho. Nenhum deles trouxe-me sequer uma possibilidade. Inconformado com as respostas, bati na porta de um sétimo escritório, de um advogado que me apresentou uma nova possibilidade – legal – de conseguir tal visto.

Eu tinha 19 anos.

O Bill tinha a capacidade de enxergar uma maneira de fazer aquilo sem que a imigração dissesse que eu era um cara muito jovem, já que na Lei não havia nada que impedisse um rapaz da minha idade de trabalhar com visto legal ali.

O visto de trabalho L1 era para quem queria abrir uma empresa que não fosse necessariamente do mesmo ramo de atuação da que trabalhava no Brasil. E para conseguir a autorização, você precisaria mostrar que o empreendimento existia no Brasil. E eu mostrei que tinha trabalhado na empresa do meu pai.

No segundo ano, para renovar o visto seria necessário que a empresa aberta nos Estados Unidos estivesse se sustentando e pagando funcionários.

A verdade é que eu estava trabalhando totalmente legal no país graças à insistência em encontrar um profissional que pudesse ajudar-me a fazer aquilo.

E logo que comecei a diversificar produtos no eBay, depois da recessão no mercado de turismo, as coisas começaram a crescer numa proporção que eu jamais supunha que poderia alcançar.

Acabei tornando-me o segundo maior vendedor do eBay nos Estados Unidos.

Foi quando a CEO do eBay, Meg Whitman, entrou em contato comigo e convidou-me para prestar consultoria dentro do próprio eBay.

Aquilo era inimaginável. Fui recebido de limusine no aeroporto de San Jose na Califórnia e ainda não tinha caído a ficha de que tudo estava acontecendo tão rápido. Na época, eu despachava cerca de 5 mil caixas por semana e efetuava aproximadamente 20 mil vendas por mês.

Eu contava com uma equipe de apenas quatro pessoas.

Rob Chesnut, ex-executivo do eBay ao qual Richard se reportava quando prestava consultoria para a empresa.

Meg Whitman (centro), na época CEO do eBay, revelou a Richard nesse encontro que ele era o segundo maior vendedor do eBay nos EUA.

Tinha desenvolvido um programa de automatização que economizava a contratação de cinco funcionários e baixava os pedidos com rapidez e facilidade.

Comprei empilhadeira, preparei um depósito, usava um sistema automatizado, mas vendia tanto que nem sempre possuía o produto em meu estoque.

Mesmo assim, tinha crescido. Eu era um fenômeno no eBay. E ela queria saber onde a empresa falhava com o vendedor e como aperfeiçoar o seu programa. Eu estava ali para detectar o que o eBay poderia melhorar.

Desde então eu passei a reportar para o eBay tudo o que achava importante. O valor que me pagaram para dar esta consultoria infelizmente não posso revelar, mas pude entender como era possível ingressar num mercado totalmente desconhecido e tornar-me especialista naquela área.

Eu via que para ter sucesso era preciso ter muita determinação. Trabalhei incansavelmente. Nada veio do céu.

Eram 24 horas por dia pensando em como performar no trabalho.

Dava para ficar milionário – era só preciso encontrar as informações, embora o dinheiro nunca caísse do céu. Foram noites sem dormir, um sacrifício constante. Deixei de fazer muitas coisas, não cuidei de mim, me dediquei 100% ao trabalho. E percebi também que tudo tem um preço.

Mas nada nesta vida é permanente. Em determinado momento, a margem de lucro caiu tanto que inviabilizou o negócio. Muita gente vendendo, o preço caindo, as fábricas dificultando a vida dos vendedores.

Cada desafio enfrentado trazia uma nova perspectiva. Não tinha nenhuma fórmula que durasse por toda a eternidade.

Era hora de reinventar o trabalho mais uma vez.

CAPÍTULO 7

Reconheça os sinais antes do tsunami chegar

Eu trabalhava 20 horas por dia vendendo produtos pela internet. Fazia compras, descarregava, despachava, comprava, checava e-mails. E enquanto isso, um fenômeno começava a acontecer nos Estados Unidos: com 10 mil dólares era possível dar entrada no financiamento de uma casa – sem comprovante nem nada.

Eu, que tinha 40 mil dólares guardados, não pensei duas vezes: decidi comprar quatro casas.

Pagando 10 mil dólares de entrada em cada uma delas, financiei o restante do valor, aluguei e com o valor do aluguel, pagava a parcela.

Naquela época, eu tinha lido um livro chamado "Pai Rico Pai Pobre" de Robert T. Kiyosaki, que ensinava um pouco sobre passivos e ativos, e assim achei que estava fazendo o certo tendo imóveis que colocaria para alugar.

Cheguei num ponto em que comprava casas que nem chegava a visitar. O mercado estava tão aquecido que havia leilões. Um sorteio que definia quem podia comprar – e o vencedor sentia-se premiado na loteria.

Aquele valor, financiado em 30 anos, nem era a minha preocupação, já que o imóvel era fácil de alugar e as casas valorizavam.

A empresa crescendo, o mercado de malas voltando a crescer e eu comprando casas como se não houvesse amanhã. Jovem audacioso, eu nem pensava antes de agir.

Richard começa a investir no mercado imobiliário e adquire quatro casas no início da construção do Condomínio Vizcaya onde reside atualmente.

Construções no Condomínio Vizcaya. No lote em frente ao qual está estacionado o carro, foi construída a casa onde posteriormente nasceu Gabriela Harary, filha de Richard.

De repente, os juros das parcelas começaram a subir. A prestação, que era dois mil dólares, passou para três. O valor do aluguel não cobria mais a despesa da parcela. Com tantas casas, eu tinha que tirar aproximados 30 mil dólares do meu faturamento da loja só para cobrir as prestações. Todos os meses.

Chegou um momento em que aquilo ficou insustentável. E, claro, não consegui pagar.

Os bancos tinham dado corda para todo mundo se enforcar. Era um desastre. Eu perdia 80% do meu patrimônio. Perdia as casas, perdia os valores que tinha pagado até então. E a situação fugia completamente do meu controle.

Acabei ficando com cinco casas das vinte que tinha comprado.

Olhando para trás, fica tão claro tudo que aconteceu, que hoje ainda não entendo como não consegui agir no momento que o tsunami deu sinal de alerta. E agora eu digo para quem quiser ouvir: leiam os sinais que estão em sua frente.

Às vezes a gente sabe o que vai acontecer e fica procrastinando, achando que o otimismo vai fazer tudo dar certo, mas os sinais são claros. A gente espera chegar ao fundo do poço para tomar uma atitude.

Casas em construção na região de Dr. Phillips onde Richard fez investimentos imobiliários.

É evidente que eu poderia ter agido antes da bolha imobiliária e que estava difícil quando eu tirava 20 ou 30 mil do bolso por mês para manter algo que eu ia perder de qualquer jeito.

Era nítido que aquela bolha iria estourar.

O furacão sempre tem radares mostrando que ele está a caminho. Nunca somos pegos desprevenidos.

Vou lhe dar um exemplo simples: se você tem um posto que vende gasolina, está na contramão, porque o mundo está indo para outro caminho. Os carros à gasolina deixarão de ser fabricados em breve. Você sabe que a mudança está batendo à porta.

A gente sempre sabe o que vai acontecer ou o que pode acontecer daqui a pouco. É só observar com atenção.

O povo é como se fosse um cardume de peixe: está todo mundo nadando numa só direção e os peixes se aglomeram cada vez mais no mesmo rumo, sem ver que tem uma rede lá na frente.

Só que os grandes investidores não estão neste cardume. Estão na contramão do cardume. Já estão indo na outra direção.

Eles não surfam a onda que todo mundo está surfando.

Tudo que está todo mundo fazendo, não faça; este é o sinal, economicamente falando.

Hoje eu passo a analisar mais as situações. Observo os sinais antes de tudo acontecer e ajo com rapidez. Ao mesmo tempo, na época houve oportunidades. E para você que está lendo este livro eu volto a dizer: tudo o que cai, volta a erguer-se. Com o tempo, depois das grandes crises, as coisas voltam ao seu normal.

Fique atento e não despreze os sinais.

Casa onde nasceu Gabriela, a primeira filha de Richard.

PARTE III

As Turbulências

CAPÍTULO 8

O medo é o pior conselheiro que pode existir

Você já deve ter tido um episódio de medo. O medo vem sem pedir licença. Ele chega às vezes para nos proteger, mas nem sempre é isso que ocorre.

Toda vez que ouço alguém dizer que ficou "paralisado pelo medo", lembro-me de um episódio terrível que presenciei em Orlando, Flórida.

Uma mulher estava aprendendo a andar de moto e tinha uma curva fechada demais diante dela. Ela não tinha experiência e travou a mão no acelerador. Gritávamos para ela soltar, mas não conseguia. Estava paralisada. Congelada. Ela continuou a acelerar a moto e, sem conseguir fazer a curva, bateu no portão e voou longe. Um helicóptero teve que vir resgatá-la.

O que eu quero dizer com isso? Que o medo da curva era tão grande que ela travou a mão e não soltava o acelerador.

O medo dela foi seu fator paralisante.

Você sabe o que é isso? Alguma vez o medo o impediu de agir?

Em 2011, o proprietário do local onde estava instalada minha loja de artigos de bebê em Orlando, a MacroBaby, decidiu do dia para a noite que teríamos 30 dias para abandonar o espaço. Ele achava que o aluguel estava muito barato e que valeria mais a pena demolir o prédio.

Naquele momento, não tínhamos para onde ir. Assim que recebi a notícia tive uma sensação conhecida: o pânico. Quando ele vem, é como se não houvesse nenhum horizonte diante de nós – só o nosso medo e o pior cenário possível. Congelado e incapaz de agir, demorei para deixar cair a ficha.

Até que entendi – era só procurar um outro ponto. No fundo, era uma decisão simples. Mas quando as coisas nos pegam de surpresa, o racional não é tão racional assim. Desesperamo-nos e ficamos sem saber como agir.

Ao longo da minha vida já tomei muitas decisões erradas por medo. Uma delas aconteceu no início da crise de 2020, quando as ações da Amazon que eu tinha adquirido por 1,8 mil dólares, começaram a cair.

Com medo de perder dinheiro, vendi tudo e fiquei observando a movimentação. Quando caíram para 1,5 mil eu comemorei. "Desta vez, eu acertei!", disse cantando vitória.

Contudo, bastou uma semana para que elas voltassem a subir. Em duas, seu valor tinha dobrado. Quando dei por mim, ele já tinha passado de três mil dólares.

Diante daquele cenário comecei a pensar: por que tinha tomado aquela decisão? E era óbvio: por medo. Era evidente que a Amazon não ia quebrar. Ela só ia crescer. Mas usei isso contra mim. O medo.

Existe um livro chamado "Love Is Letting Go of Fear" (em tradução livre "Amar é Libertar-se do Medo"), de Gerard G. Jampolsky, M.D., o qual postula que todas as ações humanas são tomadas por medo ou amor. Ele mostra uma pessoa sendo esmagada pelo futuro e pelo passado – no presente. E faz a seguinte pergunta: suas decisões são pautadas no medo ou no amor?

Todas as ações baseadas no medo não são nada legais. Elas nos fazem agir por impulso. E, acredite, sempre quebramos a cara.

Por isso lhe pergunto: o que está por trás de suas atitudes?

Se for o medo, entenda uma única coisa: ele é o pior conselheiro que existe.

CAPÍTULO 9

Não subestime o inimigo que ninguém vê

De repente uma sensação de formigamento no peito no meio da noite. Uma crise de ansiedade já não era novidade. As crises financeiras tinham desencadeado um movimento interno que ninguém via – quando surgia um baque, meu corpo respondia.

Embora estivesse acostumado com a ansiedade, quando minha ex-esposa ficou grávida pela primeira vez, eu senti o peso da responsabilidade. Estava trabalhando excessivamente e me sentia sozinho apesar de estar ao lado dela.

Com saudades da família, decidi voltar para o Brasil. Sentia que estava com um vazio dentro do peito. Algo que não conseguia explicar direito nem para mim mesmo.

Pegamos um voo para o Brasil, começamos a morar novamente na minha terra natal, mas eu percebia que não adiantava: o sintoma me acompanharia aonde quer que eu fosse. Não adiantava fugir que ele sempre estava comigo.

Doutor Cláudio Feres, cirurgião vascular, ex-sogro e grande amigo de Richard.

Depressão e ansiedade são coisas internas. Você não as percebe nem dá conta de que estão acontecendo em seu âmago.

Numa crise financeira você pode se reorganizar, vender outras coisas para ganhar dinheiro e recuperar o prejuízo. Se quebrar um braço, basta engessá-lo que, após um tempo, ele volta ao normal.

Mas e a cabeça? Quem conserta? É um sangramento interno que é difícil de ser diagnosticado porque ninguém o vê.

No Brasil, a crise pareceu se agravar e eclodiu com meu retorno aos Estados Unidos. Decidi que precisava olhar com atenção para a minha saúde mental.

43

O que fazer num momento como esse? Desesperadamente corri atrás da cura e acabei descobrindo que, embora não existisse uma cura propriamente dita, era possível aprender a lidar com a ansiedade e a depressão.

Era a pior sensação da minha vida, porque em vários momentos ela me revisitava. Certa vez, dentro de um avião, tive uma crise de ansiedade porque tinha entrado sem me despedir de meus familiares. Odeio despedidas, mas dentro de mim aquilo causava uma ansiedade incomum.

A aeromoça aproximou-se achando que eu estava tendo um infarto. O piloto foi até mim e disse:

— Se você quiser, podemos aterrissar no aeroporto mais próximo.

Falei que era uma crise de ansiedade e que iria passar, mesmo assim, eu não conseguia me acalmar. Felizmente, a aterrisagem não foi necessária, mas demorei um tempo até melhorar.

Conforme o tempo foi passando, essas crises existenciais iam e vinham e acho que enquanto eu viver, elas me visitarão. Só que aí entendi que eu poderia gerenciar essas sensações.

Percebi que eu era um ser que estava em piloto automático. E o que isso queria dizer? Que a vida inteira eu estava só alimentando meu corpo e não nutria minha alma; minha alma estava morrendo de fome. A síndrome do pânico foi um grito. A alma dizia: "Estou abandonada".

O que seria um alimento para a alma? Muito mais difícil diagnosticar o que a alma precisava. Não era palpável.

Então, fui buscar a Deus dentro do Judaísmo. Comecei a estudar mais a Bíblia, ficar mais religioso e, mesmo assim, não me sentia 100% completo, em parte porque não conseguia assimilar muitas coisas da Bíblia e, muitas vezes, elas não me pareciam lógicas.

Eu me questionava acerca de tudo.

Fui buscar um mentor (life coach) e encontrei a Erika Royal, que na época escrevia um livro que se chamava "Saindo da casca". Ficamos muito conectados naquele período. Ela tinha sido uma empresária que buscava a iluminação e eu tornava-me um discípulo dela. Encontrávamo-nos aos finais de semana para falarmos sobre a vida e eu comecei a escrever sobre meu processo de autoconhecimento.

Nesta época, comecei a desenhar o que queria para a minha vida, que tipo de filho queria ser, que tipo de pai, de empresário, de amigo, de irmão, de pessoa. Eu sabia que desejava estar cercado de pessoas que gostava, que queria cuidar da saúde, da empresa, da mente. E, acima de tudo, queria poder ajudar pessoas.

Foi assim que comecei a perceber como era a vida sem estar em piloto automático. E frequentei um grupo em que contávamos como era cada episódio de ansiedade. Todos apoiavam-se mutuamente e achávamos os gatilhos que disparavam as crises de pânico, por exemplo.

"O que você está sentindo é desconfortável, mas não é perigoso" era uma das frases mais frequentes.

As frases ajudavam quando eu estava no meu dia a dia sozinho. Eu sabia que não controlava o primeiro pensamento, mas controlava o segundo. Então, percebia que o que eu pensava ia fazer eu sentir.

Também busquei um psiquiatra e um psicólogo, na época. No psiquiatra eu entendi que precisava estancar o sangramento. Muitas vezes numa depressão não é só o quadro psíquico. É algo neurológico. Um desbalanceamento químico que pode ser tratado. O que provoca esse desbalanceamento? Uma doença ou seus pensamentos?

Isso é um debate sem uma resposta.

Sempre me perguntei: "quem eu sou?" Uma pessoa cheia de serotonina, de componentes químicos que fica feliz ou triste conforme o balanceamento destes componentes?

Não havia resposta. Por isso comecei a tratar todos os ângulos. Desde a alma, até o corpo e a energia. Porque acredito que somos um composto de alma, química e psicológico. Ou seja: eu precisava de medicamentos químicos que fossem prescritos por um profissional de saúde, precisava entender meus sentimentos e emoções com um psicólogo e fazer um tratamento na energia com a física quântica.

Se estes três não estão em alinhamento, o ser humano não consegue ir adiante.

Eu queria atacar em todas as frentes. E fui para ganhar a guerra, não para brincar. A mudança de hábitos precisava ser imediata e diária.

Da mesma forma que se uma pessoa que tem diabetes precisa de um tratamento longo, a cura também não é instantânea.

Podemos tomar um medicamento e não fazer mais nada – acreditando que aquilo vai corrigir. Só que o problema volta quando você para de tomar o remédio. É preciso tratar.

Posso dizer com todas as letras o quanto este episódio me modificou internamente: deixei de ser o cara estressado que ficava olhando os números da conta bancária todos os dias e passei a enxergar novos valores. Não estava mais preocupado com carro, dinheiro ou trabalho.

O dinheiro era bom? Era, sem dúvidas. Eu podia pagar um profissional para auxiliar-me. Mas não era aquilo que iria trazer felicidade.

Os valores começavam a mudar. E só víamos isso quando perdíamos a saúde mental ou aquele tesão de viver.

O mais difícil quando um empresário está com quadro de depressão é que quem vê de fora dispara: "por que ele reclama de barriga cheia?". Como se o dinheiro estivesse vinculado com felicidade. Isso caminha lado a lado na cabeça das pessoas.

Isso até hoje é um desafio em minha vida – principalmente porque tenho três filhos. O excesso de preocupação e a responsabilidade aumentaram. Mesmo estando mais calejados e tendo mais técnicas, o calo aperta de vez em quando.

Por isso eu digo: não subestime o inimigo que ninguém vê. Porque é esse inimigo que pode te enfraquecer e te derrubar quando você menos espera.

CAPÍTULO 10

Cartas para Deus

Em 2008 eu escrevi minha primeira carta para Deus. Estava preocupado com dinheiro. Tinha o suficiente para manter-me, mas preocupava-me com o que viria a seguir.

Pedia ajuda a Deus para que eu pudesse ajudar pessoas. Queria aprender a meditar e estreitava meu relacionamento com Ele.

> *"O mercado imobiliário está caindo muito e estou perdendo patrimônio, um dia quero entender por que estou passando por isso.*
> *Eu sempre paguei por tudo e nunca deixei de pagar nada que eu devo.*
> *Eu sempre dei o meu melhor, por que estou passando por algo tão sério e justamente após ter tido a minha primeira filha?*
> *Eu vou sempre honrar o seu nome e continuar lutando pela coisa certa.*
> *Gostaria muito de um dia poder empregar muitas pessoas e poder dar orgulho a meus pais.*
> *Tudo isso vai valer a pena se um dia eu puder realizar meu sonho que é ter um casal de filhos gêmeos."*

Sentia-me sempre com saudades de Deus. Como se precisasse do colo dele.

Eu achava que Deus olhava nosso planejamento, que Ele nos escutava e abria nossos caminhos. Nem sempre abraçamos os caminhos que Ele abre. Ele nos escuta se pedimos de coração. No Judaísmo dizem que o poder da reza pode fazer mudar tudo. E embora tudo possa estar pré-escrito, sou eu que tenho o livre-arbítrio para tomar as decisões.

Às vezes eu não entendo os propósitos de Deus, mas não consigo achar que Deus não tenha um propósito. Mesmo que nem sempre enxerguemos qual é esse plano, em algum momento entenderemos. A resposta sempre vem.

Ao mesmo tempo que escrevia essas cartas para Deus, escrevia para mim mesmo. E isso ajudava-me a entender quem eu era e quem eu queria ser. Reler estas cartas sempre me fortaleceu:

> *"Estou feliz por você estar mudando e vendo a vida de outra forma. Amo que você é uma pessoa honesta.*
> *Não se preocupe com as respostas por enquanto.*
> *Elas vão vir na hora certa. O mais importante é que eu te amo.*
> *Não deixe sua mente te enganar e te colocar para baixo. Você é inteligente e tem muito para um menino de 29 anos.*
> *Muitas coisas irão mudar. Mudando as atitudes as coisas próximas vão seguir o fluxo.*
> *Acredite na forma natural das coisas. Você vai se dar bem. Terá uma família, filhos e não vai estar sozinho porque está próximo da pessoa mais importante da sua vida: você mesmo.*
> *Acredite: as coisas vão estar bem.*
> *Seja feliz, com amor, Richard"*

Sempre achei primordial que nos alinhássemos à nossa verdade. Precisaríamos sentir a conexão com Deus. E sabia que o ego atrapalharia essa conexão.

Por isso, muitas vezes quando escrevia as cartas para mim, era como se estivesse ouvindo Deus colocar as respostas em meu coração:

> *"A alma vai falar e você tem que fazer o corpo se acalmar.*
> *Nos momentos de crise temos que aceitar que somos humanos.*
> *Temos que entregar e aceitar a vida.*
> *Sermos humildes.*
> *Estamos num momento de despertar coletivo.*
> *Estas situações que estamos vivendo é uma das poucas que não se pode resolver com dinheiro.*
> *Nosso lado humano nos chama para medos e inseguranças.*
> *Mas precisamos lembrar que temos que acreditar em Deus e na vida.*
> *Crescemos aprendendo o que pensar e não como pensar".*

O conselho é escrever todos os dias como você está se sentindo. E desta forma você vai sendo mais amoroso consigo mesmo. E vai aprendendo a escutar a Deus.

Essa é a busca. Buscar Deus dentro de nós.

PARTE IV

O Teste Positivo

CAPÍTULO 11

Queimando a ponte

Eu me lembro, quando ainda era bem jovem, que meu pai vendia meias para uma grande rede de departamentos. Ele dizia com certo desespero: "Meu Deus, entrou um grande pedido". Eu achava estranho o fato de ele, ao invés de se regozijar pela venda, encará-la como algo indesejável. E então ele me explicava: "Quanto mais vendo para eles é pior, porque estamos perdendo dinheiro na operação".

Primeiro flyer da MacroBaby, criado em 2009. A modelo da capa é Gabriela Harary, então com dois anos de idade.

Assim, comecei a entender que a venda por si só era um número sem significado se não viesse seguida de lucro.

Faturamento é um número ilusório. Se você se bitolar por esse dado, estará indo no caminho do abismo. Quando abri a loja de malas eu ainda não sabia distinguir a diferença entre lucro e faturamento. Para mim, quanto mais eu faturasse, mais estaria ganhando.

No entanto, os aprendizados foram acontecer na prática. O primeiro deles foi o tal do break-even point – ou ponto de equilíbrio. O empresário precisa de tanto para pagar as contas. A partir daquele valor, está perdendo dinheiro.

Como eu descobri isso? Quando percebia que vendia muito e mesmo assim no final do mês a conta do banco estava negativa.

Eu entendia que não dava para bancar uma operação sem lucro.

Depois vim a entender o que era o tal do *Payback* de um negócio, que poderia ser de dois a três anos e estava diretamente relacionado ao lucro.

Esse é o tempo que leva para que os rendimentos acumulados se igualem ao investimento inicial. Em outras palavras, esse cálculo mostra o tempo que o investidor levará para recuperar sua aplicação inicial. E para que esse cálculo seja preciso, é necessário ter um fluxo de caixa organizado.

Contudo, a lição mais valiosa que aprendi, e isso só aconteceu quando me tornei o segundo maior vendedor do eBay, foi a diferença entre faturamento e lucro.

Essa era uma realidade para mim na época. Faturamento altíssimo com uma lucratividade baixíssima. E a cada dia minha situação piorava. O eBay começou a aumentar as taxas e começou a ter mais concorrência. O custo operacional também começou a subir.

Foi aí que tive de tomar uma decisão radical, ciente de que o passo que daria seria bem arriscado. Decidi que iria romper meu relacionamento com o eBay. Num primeiro momento, isso significaria uma queda no faturamento, mas tinha chegado à conclusão de que seria preferível faturar menos e ter algum lucro do que vender milhões sem lucro.

O que acontece com muitas empresas é que elas começam a expandir.

Um restaurante pequeno tem um faturamento de cem mil dólares por mês e tem um custo fixo. Então quer investir para crescer e expandir. Ele vai para um lugar maior, com aluguel mais alto, contrata mais funcionários e de fato o faturamento cresce, mas o custo operacional aumenta tanto que ele não tem lucro. Se o empresário tem um restaurante e atende por delivery por meio de uma única plataforma, muitas vezes ele se torna refém das decisões dessa plataforma, como eu me tornei na época em que vendia pelo eBay. Isso é um perigo, sabe por quê? Porque, a qualquer momento, a plataforma pode apertar um botão e destruir seu negócio, porque é como se você estivesse fazendo seu bebê crescer na barriga de outra pessoa.

Certo dia, soube que a CEO do eBay estava saindo da companhia e que o novo CEO pretendia aumentar as taxas e fazer algumas mudanças, como impedir que o vendedor classificasse o comprador. Na prática, o vendedor não poderia deixar comentários negativos para o comprador.

Se você não conhece a plataforma, ela funciona assim: os compradores poderiam avaliar os vendedores e não o contrário. Se um vendedor fosse prejudicado por um comprador que cancelasse o pagamento, perdíamos o dinheiro e ficava tudo por isso mesmo.

Só que isso começou a afetar muito os vendedores. Quando vi que eles estavam 100% do lado do comprador, as margens eram baixas, o funcionário ganhando mais, o envio ficando cada vez mais caro, decidi que era hora de interromper a operação.

Nessa mesma época, comecei o site da MacroBaby. Decidi criar a minha própria plataforma. O que aconteceu foi previsível: meu faturamento caiu de 1,5 milhões para cem mil, mas passei a ter lucro.

O que sempre pergunto é se você prefere ter uma barraca de cachorro-quente que dá lucro ou ter um restaurante badalado que dá prejuízo. E com essa mudança eu optei pela barraca de cachorro-quente.

Na prática, eu tinha a minha plataforma e diminuí a diversidade de produtos que vendia. Só para você ter uma ideia, no eBay eu vendia praticamente de tudo: de caixão à prancha de surfe, de artigos de cozinha a armas de paintball.

E meu foco era em produtos de qualidade.

Depois de seguir carreira solo, decidi focar só nas melhores categorias.

A verdade é que muitas vezes acreditamos que um bom faturamento paga as contas e nos faz crescer. E isso não é verdade. Foque sempre no lucro, não no faturamento.

É o lucro que faz com que seu negócio possa expandir.

CAPÍTULO 12

Gerando lucro

Se você encerrou o último capítulo imaginando "tudo bem, mas como gerar lucro?", vou lhe contar uma coisa: foi só na prática que aprendi como fazer isso. E entendi que certas ações seriam necessárias – sendo a primeira delas cortar custos fixos e variáveis.

O que eu quero dizer com isso? Um exemplo: antes de assinar um aluguel você tem que estudar muito bem o cenário, sempre imaginando a pior das hipóteses.

Algo que ninguém faz e que é importante e simples: pegar uma cadeira de praia e ficar plantado na frente do estabelecimento durante uma semana contando quantas pessoas passam ali pelo local onde você pretende alugar.

Isso é básico. E ninguém faz.

Hoje, a MacroBaby tem um fluxo enorme de pessoas. E muitas lojas já abriram e fecharam ao nosso lado. Mas elas não observam nem perguntam qual tipo de cliente temos.

O cliente que vai à MacroBaby não olha nem para o lado. Chega e vai direto para a nossa loja. E o empresário acha que abrir uma loja de guitarra vai atrair alguém naquele ponto. Percebe que ele não se deu ao trabalho de analisar que tipo de público frequenta aquele local? Aí eu lhe pergunto: que mãe vai comprar uma guitarra? Certamente não uma grávida, nem com recém-nascido!

Se você é uma pessoa perspicaz, que quer aumentar suas chances de sucesso, deve entrar na loja ao lado da qual vai alugar um ponto e dizer qual é o seu foco, criar uma parceria. Esse é o primeiro passo e por mais simples que possa parecer, pouca gente se dá conta de como é fundamental.

E tem uma outra coisa que não nos damos conta, mas pode ser um grande risco, abrir uma loja contando com quem está ali do lado para garantir seu faturamento.

Já contei lá no começo do livro que na época em que tinha a minha loja de malas, ela era ao lado de uma grande rede chamada Costco. E eu sabia que ali havia um fluxo de pessoas diário que fazia com que sempre houvesse pessoas na minha loja.

Só que bastou a Costco fechar que a rua ficou deserta. E assim, eu entendi que estar ao lado de uma loja que garante fluxo era uma faca de dois gumes.

Fachada e interior da primeira loja da MacroBaby que começava a expor em 2009 carrinhos de bebês diferenciados provenientes da Europa.

Se por um lado ela garantia que pessoas passassem por ali, caso ela resolvesse fechar as portas, seu negócio podia afundar junto.

Por isso, depois dessa experiência, que foi um grande aprendizado, passei a ser mais observador.

O ponto e o contrato de aluguel são os primeiros que devem passar por uma análise criteriosa.

O vilão número um da quebra das empresas são os proprietários dos imóveis. Ou você nunca viu um lojista de um shopping center que até tem um bom faturamento, mas vê seu dinheiro sendo "engolido" pelo aluguel abusivo que paga ao shopping?

A pergunta é: por que o shopping não se atualiza? Ele continua com a mesma filosofia e prática de 1980.

O futuro do negócio seria ele se atualizar e ser parceiro do lojista, cobrando um percentual das vendas e não um valor abusivo de aluguel para se instalar dentro do shopping.

Se o dono do shopping não vira parceiro de negócio, o negócio quebra. E eu digo isso por conhecimento de causa. Perceba que todos podem ganhar juntos. Criar serviços que fazem as pessoas ganhar mais.

Hoje em dia, prefiro abdicar de um ponto no shopping do que pagar um aluguel abusivo.

Há pouco tempo eu queria abrir uma maternidade de bonecas num famoso shopping de São Paulo. Eles queriam cobrar um valor absurdo de aluguel. O que aconteceu? Não assinei, porque sabia que seria escravo daquele valor de aluguel. Eu prefiro abrir a loja num outro ponto, fora daquele centro comercial, e investir em marketing.

Se você paga um aluguel abusivo, você vira funcionário de alguém. Refém das condições dele. Muitos lojistas de shopping vivem isso hoje em dia.

A ideia da negociação antes de abrir o negócio é saber que você não precisa ser refém. Abra pontos em outros lugares.

Sempre digo que a diferença entre o kamikaze e o investidor está nos detalhes.

E estes detalhes devem ser observados. O segundo ponto é negociar valor de seguro e nunca se acomodar. Sempre pense que está pagando muito em tudo. Ligue no seguro da empresa e negocie o preço mais baixo. E faça isso também com as taxas de banco. Ligue no banco da empresa e negocie o preço mais baixo das taxas.

O empresário que entende de negócio também é criterioso com sua folha de pagamento. E sabe que o custo mais barato é a automatização. Não dá para economizar em automatização. O que eu puder investir para ter isso e reduzir a folha de pagamento é fundamental.

Se toda sua empresa depende da mão de obra humana, porque nada pode ser automatizado, me diga se você tem um manual de treinamento. Escreva os procedimentos da tua empresa. Um *check list* da sua empresa. Desde apertar o botão para abrir o caixa, até o que deve ser feito no final do dia.

Caso contrário, você fica com diversas pessoas na mesma função. Para ter produtividade você precisa escrever as funções da sua empresa para minimizar essas funções.

É necessário criar um treinamento adequado para essas pessoas devido à rotatividade que sempre existe em qualquer empreendimento e que custa dinheiro. É preciso treinar a mesma coisa que vai tomar seu tempo. Criando um manual de procedimentos, estimulamos a produtividade e isso exige um check list diário das funções.

Isso por si só amplia o lucro, porque diminui pessoas da folha de pagamento e, portanto, aumenta a produtividade.

Aumentou a produtividade? Agora, observe quais são os custos variáveis. Primeiro os básicos como água, luz e telefone. Você não está na sua empresa, mas seus funcionários devem estar cientes de que é importante economizar e quando isso se torna um procedimento, todo mundo ganha.

A parceria com funcionários pode se tornar eficiente e te ajudar a economizar.

Outra questão importante: a melhor forma de remuneração do seu colaborador. O funcionário que participa da venda num restaurante, por exemplo, pode abordar o cliente e dizer que tem uma sobremesa deliciosa. Contudo, ele nem se importa em fazer isso porque sua renda não será afetada caso o cliente aceite a oferta.

O comissionamento além do valor fixo é tão importante quanto o salário. E nas minhas empresas eu pago bônus quando meu funcionário vende produtos encalhados.

Por que faço isso? Porque são estes produtos encalhados que comem teu lucro.

Sabendo como gerar lucro, vamos lá abrir uma nova empresa.

CAPÍTULO 13

Quem tem medo de vender?

Ao contrário da maioria das pessoas, eu comecei no digital e depois fui para a loja física, então acabei usando a minha experiência como segundo maior vendedor da maior plataforma de vendas online dos Estados Unidos quando investi na loja física.

O que considero ser os pilares da venda?

A **exposição do produto**, que é o primeiro pilar das vendas, é simples de se entender.

Hoje, na MacroBaby, como fazemos esta exposição? Criando famílias de produtos. Se nas outras lojas os departamentos são separados por categorias de produtos, na minha são separados por "famílias".

E tudo tem que ser exposto de maneira que o cliente sinta vontade de comprar e usar aquele produto. Uma mala não pode estar simplesmente exposta. Ela precisa estar cheinha, com travesseiros dentro, para a pessoa olhar e ter vontade de usar. Ou você tem vontade de usar uma mochila quando ela está ali vazia num cabide?

Por exemplo, os produtos da Avent, que é uma marca de artigos para bebês, são colocados todos juntos. E desta forma, as chupetas não ficam em determinado departamento com outras de outras marcas e preços. Tudo da Avent fica no mesmo espaço, expostas para que a pessoa possa enxergar tudo que ela

Primeiros funcionários da MacroBaby em 2010.

precisa e então escolher a "família" que quer levar para casa e não apenas o produto.

Ao mesmo tempo, tenho a exposição diferenciada das mercadorias. Quando recebemos o produto observamos qual a melhor maneira de expor aquele item para que se torne um objeto de desejo.

Perceba que tudo é apresentação.

Você não compra uma bolsa dentro de um saco plástico. Você quer vê-la como um artigo de luxo, como uma grande protagonista, como objeto de desejo.

O segundo item é a **descrição do produto**.

Online essa é a estratégia que mais alavanca as vendas, porque se você não sabe descrever bem seu produto, as suas vendas caem.

E se você não tem uma descrição do produto muito bem redigida, a venda também não vai te favorecer. Você precisa descrever, mas a pessoa que está comprando precisa entender, ou seja: além dos termos técnicos, é interessante levar para ela aquilo que ela precisa saber sobre o produto.

O terceiro pilar, casadinho com a descrição, é o **conhecimento sobre o produto**.

Para uma loja física, esse item é essencial. E é aí que entra a parte de padronizar o treinamento dos seus funcionários.

Na MacroBaby a gente nem chama de vendedores. Chamamos de especialistas de produtos. Porque todos precisam estar a par de tudo o tempo todo. E não é fácil quando temos um catálogo de dezenas de milhares de produtos.

"Mas, Richard, como colocamos esse treinamento, então?" Você deve estar se perguntando. E eu respondo: em vídeo.

Todos os nossos colaboradores, ao entrarem na empresa, recebem um treinamento impecável e assistem a tudo em vídeo.

Chamamos esse treinamento que transforma vendedores em especialistas de produtos de bebê de "Universidade MacroBaby". Dentro da "Universidade MacroBaby" o colaborador vai sendo treinado e isso faz toda a diferença, principalmente porque ele se torna um profissional diferenciado dentro do mercado. Aprende sobre gestantes, sobre mães, sobre as facilidades. E pode apontar soluções e alternativas para cada caso.

Atualmente, MacroBaby possui vários caminhões contêiner para o transporte de seus produtos em todo os EUA.

Fachada da loja MacroBaby em 2010 que já foi demolida.

Ele literalmente se engaja com cada cliente, trazendo conhecimento profundo sobre aquele universo que uma gestante está acabando de descobrir.

O quarto item é a **embalagem.**

E aqui eu posso dizer que nisso os Estados Unidos são campeões.

Anota o que estou falando: a embalagem é que faz a venda.

Eu sou tão obcecado por isso que muitas pessoas nem sabem que por trás da MacroBaby há um brasileiro no comando, já que para eles só os americanos sabem ser perfeccionistas em *branding*.

Por isso eu lhe digo que a parte de branding é fundamental.

O produto em si nem sempre é o melhor, mas quando tem uma boa embalagem, ele encanta. E você consegue ver o reflexo do *merchandising* e *branding* do produto nas vendas.

A embalagem afeta tanto as vendas que muitas vezes quando o meu fornecedor mudou determinada embalagem, eu tinha uma queda nas vendas daquele produto e pedia para o fabricante voltar a fazer igual ao modelo anterior.

Temos um olhar clínico quanto a isso.

Qualquer um sabe que se você for à fábrica de qualquer produto, você não irá querer comprá-lo.

O que dá a percepção e o encantamento é o *merchandising*.

Mas... *merchandising* não vai fazer a venda sozinho.

Aqui entra o quinto pilar – **price match** – que é basicamente garantir o melhor preço. Na MacroBaby nós sempre vendemos mais barato que a concorrência. E é fundamental que isso seja informado pelos funcionários.

Como garantir isso? Aí entra o sexto pilar: **através do cliente oculto**.

O cliente oculto é a pessoa que você vai enviar à sua empresa para checagem de atendimento. É alguém que vai se fazer de cliente e observar como é o atendimento dos seus funcionários para que sejam avaliados sem que saibam que estão sendo observados.

No final das contas, para ter uma boa venda também é necessário ter um bom marketing para trazer as pessoas até você.

Existem várias formas de marketing digital, mas hoje em dia a que proporciona a melhor relação custo-benefício é a obtida por meio de influenciadores digitais e mídia social. É a ferramenta mais barata e que tem a maior efetividade. Como eu comecei a usar influenciadores digitais?

Foi em 2016.

Antigamente, se eu era dono de uma loja e queria fazer uma propaganda para atingir o maior número de pessoas, precisava pagar os veículos de comunicação e a celebridade para fazer a propaganda.

Hoje temos um veículo que entrega de graça: e este é a mídia social.

Mesmo não tendo alcance, é melhor dar um tiro com uma bala menor, mas que vai atingir quem você quer, do que atirar com uma bazuca com 10 mil passarinhos.

Quando eu digo que um dos maiores fatores é identificar seu público, é porque você será mais efetivo.

Ponto 1:

– identifique seu público.

Ponto 2:

– trabalhe com nicho.

Numa época, eu vendia sapatos online e percebi que estava vendendo numerações grandes de sapatos de salto alto e vi que estava despachando para nomes masculinos. O que eu fiz? Mudei a listagem do produto.

"Sapatos altos para Drag Queens."

Eu descobri um nicho. E era um mesmo produto.

Hoje eu fabrico um spray aerossol para bumbum de neném. Quando descobrimos que os idosos também usavam esse produto, começamos a divulgá-lo para esse público.

Eu tenho um nicho bem específico de gestantes. Quero saber que classe quero atingir, qual nacionalidade, onde tem o maior potencial.

E como funciona o influenciador digital na divulgação do produto?

Você segmenta.

A minha primeira experiência foi com a atriz brasileira Deborah Secco vindo a Orlando. Fizemos uma parceria que ajudou a criar um branding.

A influenciadora digital vai te ajudar a vender mais? Não. Porque não é porque você gosta de determinada celebridade que vai comprar o que ela divulga. Mas aquilo vai fortalecer a marca.

Eu posso gostar de determinado ator ou apresentador, mas não vou comprar o que ele me vende. O *branding* que a celebridade faz eleva teu nome e faz você começar a ser conhecido.

Acima, foto do interior da loja MacroBaby, projetada em 2010, e abaixo mock-up inicial da fachada.

Mas como eu posso mensurar o resultado quando aposto em influenciador digital? O resultado é imediato? Jamais.

O resultado só existe se vem seguido de um bom serviço e preço. Essa combinação com a celebridade fecha o ciclo. Por falar em fechar o ciclo, sempre tenha um sistema de checkout muito bom.

O que é isso? Um site onde você pode comprar produtos de maneira simples e fácil. Um sistema prático de checkout faz toda diferença. Não tem segredo.

Vender é o resultado de um trabalho bem feito. De estratégias pensadas e muita mão na massa. Dá trabalho? Sim. Mas se você acerta a mão, consegue um resultado que compensa todo o esforço.

PARTE V

A Gestação

CAPÍTULO 14

Dois nascimentos com amor

Hoje uma das perguntas que mais respondo é: o que o fez mirar no ramo de bebê?

E a resposta é simples: minha primeira filha, Gabriela.

Logo que parei de vender no eBay, passei a vender algumas coisas para mães e gestantes. Mas não via como algo lucrativo, porque não tinha marcas de prestígio.

Eu percebia que nos Estados Unidos os produtos para bebês eram sempre mais conservadores, enquanto na Europa havia produtos arrojados com design diferenciado e logo comecei a importar produtos de bebê da Europa.

Entrava em contato com algumas marcas de lá, fazia uma proposta e passava a vender nos Estados Unidos para as classes A e B, já que sabia que não podia concorrer com grandes redes como o Walmart e lojas de departamento.

Como a Tania, mãe de meus filhos, estava grávida, íamos nas lojas e eu detectava o que faltava em todas elas. Queria o melhor para a minha filha.

Já vendia muitos produtos para esse segmento, mas só via as caixas. Não via funcionar, não entendia para que serviam os produtos, via as especificações apenas. E passei a ir às lojas para aprender a usá-los.

Mas o tratamento era precário. As atendentes mal apontavam para onde estava o produto e não conheciam direito como usar.

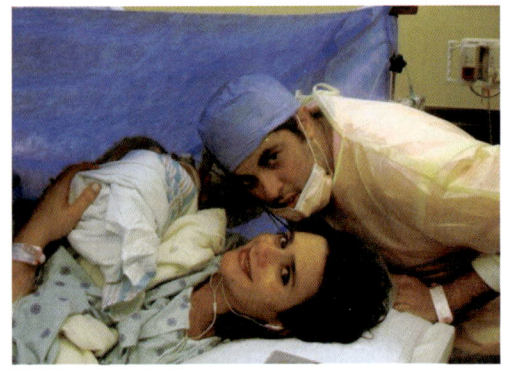

Richard e sua ex-esposa, Tânia Feres, no nascimento de sua filha Gabriela em 2007.

Quarto da Gabriela na casa do Condomínio Vizcaya em 2010.

Eu era curioso e perfeccionista. Queria o bebê conforto que trouxesse segurança a ela. Mas não sabia instalar no carro e as pessoas da loja mal podiam me dar instruções.

Percebi que aquele segmento estava apresentando algumas falhas. E aí veio a ideia de uma loja física pequena para oferecer um atendimento diferenciado do que eu via nessas lojas.

Foi aí que nasceu o slogan da MacroBaby: a loja de bebê com coração.

Quando a Gabi nasceu eu estava escrevendo o *business plan* da loja com ela no meu colo. E se você não é fã de planejamento, saiba que foi planejando que cresci na vida.

Sempre fiz planejamento. De A a Z. Escrevo todas as variáveis, estudo tudo que pode acontecer para dar errado e ajo conforme me dispus a agir.

Eu tinha uma bebê e uma loja recém-nascidas, mas mal sabia eu, pai de primeira viagem, que a loja daria muito mais trabalho do que a filha.

Isso porque a loja física era muito mais imprevisível do que a bebê.

Eu tinha que lidar com funcionários, treinamentos, marketing, tudo era muito diferente da venda online. Venda online eu tinha o produto, a plataforma e a entrega.

Na loja física eu precisava explicar, treinar pessoas e o mais desafiador: trazer gente para a loja. Eu não tinha expertise nisso.

Mas logo veio uma ideia: fazer parcerias com doulas e profissionais da área da saúde. O negócio era lucrativo para ambos os lados. Elas indicavam a nossa loja e ganhavam um comissionamento sobre as vendas.

Foi um crescimento que nos trouxe um reconhecimento imediato. Aliado a isso, fazíamos um bom *merchandising* e eu seguia a intuição para que as vendas pudessem crescer cada vez mais.

A expansão do negócio acompanhou o crescimento da Gabi. Começamos a ocupar depósitos cada vez maiores, oferecer serviços mais personalizados, até nos tornarmos a maior loja do segmento, totalmente baseada no atendimento ao cliente.

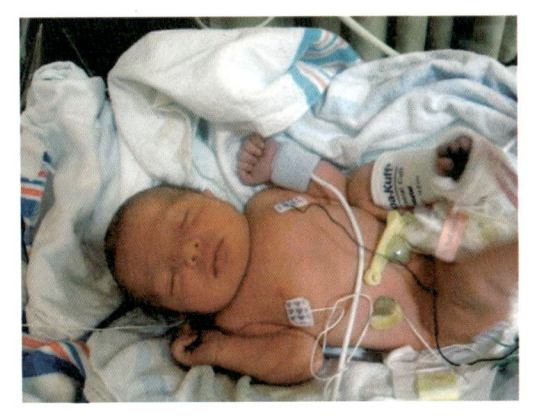

Gabriela Harary recém-nascida.

Gabriela nos braços de Richard que, a partir daquele momento, começa a perceber um novo significado para sua vida.

Richard com a Gabriela no colo ao mesmo tempo que trabalha em seu computador.

Geramos centenas de empregos, ajudamos brasileiros que chegavam aos Estados Unidos, e tornamo-nos a maior loja da Flórida, com mais de 40 mil artigos e 900 marcas diferentes. Hoje nosso espaço tem seis mil metros quadrados.

Se você perguntar qual foi o diferencial, eu digo com toda certeza: foi o amor.

Eu queria o atendimento com amor, mas sabia que nosso slogan só faria sentido se eu também fosse um líder que praticasse uma liderança amorosa.

O tratamento dos funcionários aos clientes é sempre um reflexo de como são tratados pelos seus líderes.

E posso dizer com orgulho: tornei-me grande amigo dos meus funcionários. E se esse relacionamento for genuíno, porque são pessoas com as quais você passa a maior parte do seu tempo, isso transparece no resultado da empresa.

Não tem como ser diferente. É visível no papel.

Sempre que posso, faço gestos com meus colaboradores que eles não estejam esperando. E são esses gestos que fazem com que as pessoas se engajem em seus projetos.

Se essas pessoas encontram outra oportunidade de trabalho, elas recusam porque são fiéis à empresa. Elas vestem a camisa. E são parte de uma família.

Quando você conseguir uma empresa que todos sentem-se cuidados, você cria esse ambiente e traz a sensação de equipe.

Uma convivência de respeito é que faz com que a chance de sucesso triplique na empresa. O motivador não pode ser o trabalho e o dinheiro. Amor você dá. Não apenas recebe. Não adianta esperar.

E dar está também vinculado a oferecer facilidades. Por exemplo, o que fiz aqui na empresa logo que tive oportunidade?

Muitas pessoas queriam comprar carros, mas não conseguiam comprar financiados, então vinham pedir minha ajuda com financiamento.

Começamos a comprar carros e vender para eles em condições melhores. Quem não conseguia financiamento com banco, foi auxiliado. Para mim não era nada, mas para eles era um grande benefício.

Sempre estudo como posso ajudá-los e esse relacionamento de família é uma coisa real. Que está acesa e viva. Esse é o amor que se torna a alma de uma empresa.

Eu agrego muito do sucesso da MacroBaby a isso. Com o nascimento da MacroBaby eu literalmente ganhei duas famílias.

Por isso, posso dizer com propriedade: quando seu local de trabalho é fonte de prazer e alegria, tudo prospera, as pessoas sentem-se abraçadas e todos ganham.

Uma loja com coração faz qualquer um se sentir amado. Tem coisa melhor que isso?

Richard com seus três filhos em uma fazenda em Ocala (FL).

CAPÍTULO 15

Crianças e finanças

Sendo pai de três crianças eu posso afirmar que educação financeira é um tópico muito sério para mim. E crescendo numa família de origem judaica, sempre ouvi a pergunta: "por que judeus acumulam tanto dinheiro?" Observando os hábitos dos empresários e de meu pai, entendi a resposta. Através da cultura e do exemplo que meu pai trouxe que eu me tornei quem sou.

Meu pai sempre passou para mim o ensinamento de não gastar tudo que ganhamos, pois é isso que nos proporciona segurança. E foi dessa forma que comecei a transmitir o conceito de educação financeira para os meus filhos.

Meus amigos ficam surpresos quando meu filho Alexander, de dez anos, pergunta o preço das coisas, preocupado, e eu sempre digo a eles: "educação financeira aprende-se na infância".

Hoje as crianças têm acesso a tudo e poucas têm noção do valor das coisas.

Quando eu era criança, existia uma distância muito grande entre o querer e o ter. Hoje, os brinquedos podem ser adquiridos por preços mais convidativos, parcelados em dez vezes e tudo ficou muito mais acessível. Sendo assim, as crianças ganham o que querem num clique, sem ter noção de quanto precisamos trabalhar para obter aquele dinheiro.

Para piorar, como os pais não conseguem dar tanta atenção aos seus filhos, eles compensam com coisas materiais. Esse é o erro número 1. Achar que dá para aliviar a ausência com coisas materiais. O mais impressionante é que com-

Richard com seus filhos: Gabriela Harary (13 anos), Alexandre Harary (10 anos) e Rebecca Harary (10 anos).

pram sem ter dinheiro para pagar. E eu me pergunto: que lição a criança vai ter de pais que gastam mais do que ganham? Que compram tudo o que veem pela frente para os filhos e depois não têm dinheiro para sair do aluguel ou comprar um carro?

Mas quando devemos ensinar às crianças sobre o dinheiro? Quando devemos explorar esse assunto? Desde como se adquire até como se gasta?

Sempre lembrando: as crianças precisam saber de onde ele vem.

Não precisamos dar dados concretos e específicos, mas de forma figurativa mostrar que as pessoas compram suas coisas com o dinheiro do trabalho. E como é a matemática de ganhar mais do que se gasta, ou gastar menos que se ganha.

Desde que a criança não pule nenhuma fase e não deixe de ser criança, é importante que ela tenha a noção do dinheiro.

Um dia desses, no meio do trabalho, recebi uma mensagem de áudio do meu filho mais novo. Ele perguntava: "papai, eu quero comprar um jogo de videogame de 20 dólares. Posso baixar e te pago quando você chegar em casa?"

Respondi a ele: "antes de perguntar isso, você precisa perguntar como o papai está."

E aí criamos um vínculo, uma conversa, um estreitamento no caminho. E logo depois combinamos que ele faria a compra.

Sempre digo a eles que são filhos de pais que vem de uma família com boas condições sociais e estes filhos de pessoas com boas condições muitas vezes acomodam-se e não aprendem a respeitar o dinheiro.

E como respeitar o dinheiro?

Antes de mais nada, precisam aprender a criar e fazer dinheiro e não apenas consumir e gastar.

Estas crianças perdem tudo o que foi construído pelos pais por não saberem como administrar o que a geração anterior fez. Sendo que ela sai de um ponto de partida melhor do que quem não tem nada. Mas não conseguem multiplicar isso.

É preciso aproveitar o ponto de partida e usar a oportunidade que os pais deixaram. E eu digo que existem pessoas de classes mais simples que não tiveram nada: como meu pai. E ele lutou muito. E deixou como legado esse respeito ao dinheiro

Richard com seus filhos em Aspen (CO) em 2021.

Muitas crianças hoje – alienadas – acabam jogando fora tudo o que seus pais construíram, mesmo que esse tudo seja pouco. Ao invés de andar para frente, andam para trás e perdem o pouco que tinham.

Hoje vejo muito essa dinâmica entre famílias. Filhos que vieram de famílias de classe média sem saber como administrar suas finanças.

Na prática, como educo meus filhos financeiramente?

Quero que eles saibam de onde vem o dinheiro, que valorizem o dinheiro e aconselho, desde cedo, a conquistarem o dinheiro deles de alguma forma.

A minha filha mais velha, a Gabriela, pinta. Ela já pintou profissionalmente e ganhou um prêmio numa exposição. Eu incentivo essa atitude.

Meu filho queria um videogame novo. Minha primeira pergunta a ele foi: "o que você vai fazer com o antigo?". Isso fez com que ele refletisse. Ele não precisava de dois videogames e poderia vender aquele que era usado. E foi o que ele fez.

Criar essa consciência faz com que eles saibam que quando querem algum brinquedo, eles precisam se desfazer de outro com o qual não brincam mais. Ensino a eles que tudo tem um preço.

Desde cedo abri uma conta no banco para eles. E deposito mensalmente uma quantia X. Eles também ganham pontos que são trocados por dinheiro quando praticam determinadas ações.

Há mais ou menos seis meses fiquei sabendo que um de meus filhos tinha gastado mil dólares na Apple. Minha gerente contou-me e eu fui conversar com ele. Tinha comprado mais coisas do que deveria através dos aplicativos.

O que fizemos? Fomos até o banco, tiramos a exata quantia e ele veio até a empresa para entregar ao departamento financeiro.

Eu não precisava desses mil dólares, mas a lição foi dada.

Isso é uma lição que muitos pais não se atentam. Você pode dar a vara para pescar ou dar o peixe. Mas muitos pais têm dó e passam a mão na cabeça ao invés de se envolverem na educação das crianças.

Para ele aprender era necessário que devolvesse o dinheiro.

Richard com seus filhos e sua irmã, Helena Harary.

A palavra educar é difícil na prática.

Outra coisa que acho importante: a pessoa ter noção de quanto dinheiro ela tem. Isso porque ela efetivamente percebe que acumular o dinheiro pode fazê-la conseguir guardar para ter algo que precisa de verdade.

As crianças começam a ver como funciona guardar um pouquinho de dinheiro e criar metas para economizar mais. Minha filha mais velha economiza e, muitas vezes, diz que vai poupar até que possa comprar uma casa.

Construir essa sensação na criança, de que ela precisa guardar para ter coisas maiores e não em prazer imediato, é maravilhoso.

Isso faz com que eles não gastem dinheiro com bobagem. E os faz pensar duas vezes antes de comprar alguma coisa.

Eu acredito que fazer a criança pensar no futuro nunca é demais. Mas lembre-se: pensar sem se preocupar e sem se estressar. Criança é criança! Não temos que criar uma criança capitalista que só pensa em dinheiro.

A criança ter essa preocupação com dinheiro é o que aumenta as chances de sucesso dela.

Isso serve para qualquer profissão. É como uma voz que fica guardada dentro delas.

Quando eles vão comprar algo fazemos a seguinte reflexão: "eu preciso ou quero comprar?"

Nada demais em querer algo, mas essa reflexão os faz ponderar mais antes de comprar algo por impulso.

Comprar coisas que sabemos que vamos usar e que são importantes para nós.

Não quero criar pessoas que se privem de prazeres ou de algo que as façam felizes.

Certo dia, fui comprar um livro do Harry Potter para meu filho porque ele pediu e, antes de lhe dar meu cartão de crédito, eu o questionei se ele tinha certeza de que "seria uma boa leitura". "Se você quiser, aqui está meu cartão", disse.

Ele refletiu e decidiu não comprar o livro. Eu não os trato como bebês nem dou resposta pronta. Isso faz com que reflitam sobre as consequências de suas escolhas.

Também os ensino a serem caridosos e nunca mesquinhos. Ensino-os a pensarem no próximo, a comprarem presente, a serem generosos. E isso é a demonstração de que a energia do dinheiro precisa circular.

O sucesso vem sempre para pessoas que ajudam as outras. Não podemos ser apegados ao dinheiro.

CAPÍTULO 16

Integrando trabalho e filhos

Todo mundo sempre me pergunta como integrar o papel de pai e de empresário? Quem me segue nas redes sociais me vê o tempo todo ao lado dos meus filhos. Uns até brincam: "você não trabalha?", outros mostram-se espantados, porque dizem não conseguir manter uma rotina com as crianças.

Mas eu vou te dizer uma coisa: desde que eles nasceram, decidi que não iria ter menos tempo com eles por causa do trabalho. E olha que administrar tantas empresas e funcionários não é nada fácil.

Muitas vezes quando eles dormem, eu trabalho. Meu terceiro turno começa às nove da noite e eu procuro todos os dias fazer com que participem de tudo que estou fazendo, caso não for possível me desligar do trabalho quando estou ao lado deles.

Um dia desses, enquanto escrevia o livro, estava criando um logotipo e fiz questão de envolvê-los na atividade. Se preciso ver uma loja em outra cidade, também aproveito para levá-los comigo, se preciso ir a um show de bebê na China, também coloco os três na viagem. Faço com que eles participem de tudo e os envolvo no meu dia a dia.

Não vejo por que as crianças não podem estar envolvidas na rotina dos pais.

Eu nunca entendi por que os filhos não podiam participar do trabalho dos pais. Eles são capazes de trazer ideias, de perceber que conhecem coisas bem mais complexas do que o nosso trabalho.

Até a cor da parede da MacroBaby eles que ajudaram a escolher.

Mas não trabalho o dia inteiro e quando estou em casa com eles, me policio para seguir algumas regras e a mais importante delas é uma que pedi inclusive para fazer uma placa e colocar na cozinha:

"LARGUE O CELULAR ENQUANTO ESTIVER COM AS CRIANÇAS. VOCÊ VAI SE ARREPENDER QUANDO ELES ESTIVEREM MAIS VELHOS".

Eu mandei fazer essa placa para me policiar mais quando eles estavam comigo.

E desta forma, eles também me ajudam a criar estas regras.

Quando vamos ao restaurante também temos o hábito de colocar todos os celulares virados para baixo na mesa, e assim estarmos efetivamente uns com os outros ao invés de ficarmos olhando para o celular.

Muitos pais arrependem-se de terem trabalhado demais e não terem ficado muito com os filhos, mas não adianta chorar sobre o leite derramado.

Meus filhos sempre foram prioridade na minha vida. E tem gente que só percebe o que é importante quando perde ou quando chega no final da vida. Quanto mais cedo entendemos o que é importante, melhor para nós.

O que eu digo para quem não enxerga isso?

Está cheio de gente dizendo que trabalha demais com o discurso de que quer dar uma vida boa para os filhos, mas sabe qual a melhor coisa que podemos dar para nossos filhos? Nosso tempo. O melhor para eles é o nosso tempo.

Pergunta para uma criança se ela prefere estar com você ou se prefere um presente.

É questão de tempo. Você vai envelhecer.

Temos que ter um equilíbrio.

Mas eu posso ficar com eles. Só que não posso dizer isso para uma costureira que ganha 500 reais por mês. Então como as pessoas devem fazer? Envolver os filhos nas atividades que estiverem fazendo. Seja lavar a roupa, seja envolvendo a criança naquilo que precisa ser feito.

Tempo não se compra. As fases que eles irão passar, não se compra. Equilibre seu tempo sem extremismo, tente trabalhar nas horas que seus filhos estão na escola, tente fazer o melhor, priorizando as crianças.

No Judaísmo dizemos que os filhos são a única coisa que a gente cria. O restante a gente transforma. A única coisa próxima da criação são os filhos. O resto é tudo transformado.

Esta é tua maior criação. Muito mais que um *business* que é apenas transformação. Um lugar você transforma. Um filho, você cria.

Pense nisso.

PARTE VI

O Crescimento

CAPÍTULO 17

Farejar oportunidades para crescer

O crescimento da minha loja MacroBaby em Orlando foi inevitável. Como você pôde acompanhar até aqui, desde que a ideia da empresa saiu do papel trabalhei incansavelmente para que ela crescesse e se tornasse maior que meu sonho.

Aliás, é preciso que você saiba de uma coisa antes de começar a empreender: tudo aquilo que você coloca sua energia com consciência, emoção e conhecimento pode trazer resultado. Além disso, houve um fator imprescindível para o sucesso: o amor. Era sempre esse slogan, de uma loja de bebê com amor, que me fazia acordar e entender que se um dia eu não sentisse amor por aquele lugar, nenhuma magia aconteceria.

Walt Disney sempre disse que a ideia tem um grande impacto, mas a forma como a colocamos em prática, encantando e trazendo experiências marcantes para as pessoas é que faz com que a marca fique registrada no coração de quem tem contato com ela.

A primeira empresa que tive nos Estados Unidos foi a Macro Luggage. Eu ainda não tinha muita ideia de como a experiência do cliente era um fator primordial para o sucesso. Eu conhecia números, conhecia produtos, mas não estava envolvido de coração na vida profissional.

Depois disso, criei uma corporação que pudesse incluir todos os segmentos, que se chamava Marco Company. Era ali que eu vendia marcas de vários segmentos no eBay. Na época, eu adquiri uma marca para não depender apenas do eBay, que era um website.

Só depois de tudo isso acontecer, percebi que o segmento de bebê era muito promissor e então decidi criar a MacroBaby. Essa foi a cronologia real dos acontecimentos.

É conforme vamos entrando em campo que vamos percebendo que podemos avançar mais ou expandir horizontes. E eu entendia a cada dia que podia fazer muito mais coisas com o conhecimento que tinha adquirido e com as ideias que iam surgindo no meio do caminho. Dominava vendas na internet, conhecia o mercado e compreendia que cada venda era a resolução de um problema.

E cá entre nós, percebia que problemas para resolver não faltavam.

Um deles – que foi detectado logo de início – era a dificuldade que muitas empresas tinham de resolver reclamações relacionadas a defeitos nos produtos. Quer coisa mais terrível do que você ter um bebê recém-nascido, adquirir um carrinho de passeio e ele vir com defeito – e ter que esperar que a empresa comprove através de um laudo que aquele produto estava realmente com defeito – enquanto seu bebê fica sem carrinho?

Pois é, eu tinha filhos e sabia, como consumidor e empresário, que certas coisas não poderiam mais acontecer. Foi assim que decidi investir numa empresa que fazia a garantia para produtos de bebês.

Se um carrinho custasse 1.000 dólares fazíamos um seguro de 100 dólares para garantir uma reposição, caso acontecesse qualquer problema em um ano. E esse crescimento sustentável estava completamente alinhado com aquilo que eu tinha como meta para meu *business*.

Foi com um olhar apurado e questionando tudo que via, que eu entendia que cresceria detectando oportunidades. Nesta época, em 2010, eu abri uma operação no Brasil chamada Mercado das Marcas. E posso dizer que arriscar tornou-se parte do meu DNA. Mesmo com medo, eu fazia as empresas acontecerem, saindo do papel e entrando em cena.

Hoje, percebo que muitas pessoas têm ideias revolucionárias e não conseguem executar simplesmente porque sonham demais e agem pouco. Não se arriscam, não têm coragem de começar algo, de sair de sua zona de conforto. E isso as limita.

Limousine MacroBaby usada para buscar as mães na maternidade por ocasião do nascimento de seus filhos.

Quando detectamos uma necessidade do mercado, precisamos agir. E agir rápido. Porque se não fazemos o que precisa ser feito, alguém vem e coloca aquele projeto em prática.

Aí não adianta chorar o leite derramado. Ou reclamar que a ideia era sua.

O passo seguinte foi entender que muitas pessoas precisavam despachar mercadorias para o Brasil e não sabiam como fazer isso. O serviço não existia. A facilidade não tinha sido criada.

Foi desta forma que decidi abrir uma empresa para despachar mercadorias para o Brasil. As pessoas que compravam na MacroBaby ou em qualquer outra loja dos Estados Unidos poderiam desfrutar desse serviço. E o mais curioso foi que era uma empresa interna que passou a atender a necessidade de terceiros.

Aliás, esse era o pulo do gato: entender que muitas vezes temos a mina de ouro dentro de casa e buscamos fora dela. Ou você nunca se deu conta de que consome serviços de outras empresas que poderia fornecer?

Foi desta maneira que também percebemos que gastávamos muito com placas e banners. Além de consumir muito para as nossas empresas, também percebíamos que as agências e gráficas que nos atendiam tinham outras prioridades, outros clientes – e muitas vezes os produtos que recebíamos estavam aquém de nossas expectativas. Fosse porque a paleta de cores não tinha saído exatamente do nosso agrado, fosse porque precisávamos fazer mudanças de última hora na arte e não tinham agilidade suficiente para nos servir.

Quando coloquei na balança essa insatisfação somada à burocracia e aos custos que todo esse processo envolvia, pensei: que tal criar minha própria agência a fim de prestar esse tipo de serviço para a minha e outras empresas?

Fazíamos muitas placas de sinalização, usávamos muitos serviços gráficos e decidimos investir nessa empreitada: a Easy Signs. No primeiro mês já notamos: tínhamos uma velocidade maior na entrega e não dependíamos de uma empresa que atendia dez clientes e que não nos priorizava.

Criamos uma empresa para atender nossa própria demanda e não depender de terceiros e hoje fazemos absolutamente tudo relacionado à nossa sinalização. E do jeito que quisermos. Temos uma gráfica dentro da empresa que passou a atender a nossa demanda e também a de clientes externos.

Ela começou pequena, com a MacroBaby sendo sua primeira cliente e hoje atendemos aproximadamente quarenta empresas. É uma operação à parte, que roda sozinha e que tem seu próprio faturamento. Ao invés de gerar despesa, geramos lucro com uma nova fonte de renda.

Muitas vezes temos milhares de oportunidades dentro do nosso negócio e não conseguimos enxergar. Às vezes gastamos dinheiro com algo e poderíamos estar ganhando e eu digo sempre: quanto maior a empresa, maior o número de oportunidades que podem surgir.

"Mas, Richard, será que vale a pena investir nisso?", pois é, tem sempre que colocar na balança se vale a pena terceirizar ou não.

Tem que observar o custo e a demanda do que se usa para entender se a conta fecha e hoje eu me tornei um farejador de oportunidades – e aqui vou te explicar algo que não nos explicam na escola: oportunidades não caem do céu. Somos nós que criamos. Elas geralmente apresentam-se enquanto estamos distraídos resolvendo problemas cotidianos.

Num desses momentos eu estava às voltas com um grande desafio: era 2017, o dólar estava em alta e muita gente não viajava mais para os Estados Unidos. Eu tinha alguns apartamentos vazios em Orlando que não estavam alugados e liguei os pontos: "as pessoas não viajam porque querem economizar para fazer o enxoval, mas acabam gastando demais em estadia... E se eu desse a estadia?"

A pergunta gerou o negócio e em pouco tempo aquela ideia tinha se tornado a queridinha da imprensa.

Em todos os lugares, a informação que pipocava era: "loja de bebê dá estadia grátis para ir aos Estados Unidos". E a mídia estava feita. As pessoas iam fazer o enxoval na MacroBaby em Orlando e ganhavam quatro dias de estadia grátis.

Evidentemente, isso gerou mais que uma revolução nos negócios: trouxe novos negócios, porque quando damos um único passo em uma direção, podemos carregar muita mudança conosco.

Então, aqueles que vinham aos Estados Unidos em busca do enxoval, também pensavam em alugar os apartamentos por mais alguns dias, e o que percebi? Que valia a pena comprar mais apartamentos para alugar.

Foi desta forma que criei uma empresa que alugava imóveis de curto prazo para férias. Na época ainda não existia Airbnb, então os meus flats e apartamentos eram a opção para quem não queria ficar na mão dos hotéis.

A verdade é que todo mundo pode crescer se estiver antenado nas oportunidades que um negócio pode gerar. E todo business tem inúmeras possibilidades. Podemos ficar atentos, entender do ramo, fazer com que o limão se torne uma limonada e, ainda por cima, contar história sobre tudo aquilo que era um desafio e tornou-se uma grande solução.

Nunca se acomode quando um desafio surgir na sua vida ou em sua empresa. Nem espere que venha um salvador da pátria tirá-lo de onde você está. Se um problema se apresenta na sua vida, talvez seja a sua vez de resolvê-lo para você e para os outros.

Seja a pessoa que resolve, que traz soluções e não a que cria problemas.

Fareje oportunidades. Elas estão sempre ali, diante dos nossos olhos, esperando serem descobertas.

CAPÍTULO 18

Se seu coração não estiver ali, pule fora

Era 2011 quando surgiu a oportunidade de criar uma loja de vitaminas e suplementos.

Estávamos no auge da *batata doce e da dieta do frango sem carboidratos* nos Estados Unidos. As pessoas investiam tempo e dinheiro em saúde. O que podia dar errado?

Decidi entrar de cabeça num novo negócio. O nome era "Vitamin Planet" – tradução literal de "Planeta da Vitamina". E você deve estar se perguntando: "mas por que vitaminas, Richard?".

E eu te respondo: a ideia era ter uma loja que eu pudesse franquear e, na época, o brasileiro queria comprar suplemento de qualidade e não tinha onde encontrar.

Pois bem, lá fui eu começar aquele negócio.

No primeiro ano, empenhei-me para aquilo crescer. Nos anos seguintes, eu conciliava com as minhas outras atividades. Só que sempre deixava a loja de vitaminas de lado. Ia enfraquecendo sempre que pensava nela. Curioso que pensar nos suplementos deixava-me mais fraco.

E eu não percebia isso. Só notava que estava fazendo o impossível para não me envolver com aquele negócio. Estava fugindo dele. Fazia o que fosse necessário para que ele fosse lucrativo, no entanto não havia algo crucial: eu não tinha prazer com aquele negócio.

Eu não estava lá com meu coração.

Aquele foi um dos maiores ensinamentos que tive. Quando entendi que estar numa empresa sem que meu coração estivesse nela, era muito caro para a alma. Era tempo mal vivido e dias tristes que não terminavam.

Eu não podia deixar que aquilo acontecesse comigo. Ti-

Fachada da loja da Vitamin Planet, líder no segmento de vitaminas em Orlando nessa época.

nha três filhos, uma chama acesa no coração que vibrava quando eu fazia o que gostava, mas que se apagava quando eu entrava na loja de vitaminas.

E você deve estar se perguntando: "empresário só faz o que gosta?"

A resposta é não, mas nunca trabalhe em algo se seu coração não estiver ali.

Embora tenha ficado quatro anos com essa empresa, ela nunca viveu em meu coração. O coração é a alma do negócio. Para ter sucesso, é preciso que seu coração esteja ali presente. Porque até dá para ter resultado, mas dinheiro sem paixão vale muito pouco.

Aos poucos entendi que era preciso ter a coragem de me desfazer daquele negócio. Eu não conseguia me envolver com aquilo e, portanto, não podia continuar me dedicando a algo apenas para ter lucro no final do mês.

Embora tenha sido uma decisão difícil, assim que ela foi tomada, mostrou-se uma das coisas mais sensatas a serem feitas.

E hoje eu digo com propriedade que, às vezes, é mais gostoso se desfazer de uma empresa do que adquirir uma.

Neste caso, a sensação foi indescritível. Como se eu tivesse saído de uma situação que nunca precisasse ter entrado. Por isso, eu sempre falo para os meus mentorados e alunos que devem avaliar se amam aquilo que fazem.

Porque entrar de cabeça num negócio é fácil e qualquer um faz. Mas colocar o coração... Ah, isso é para os fortes! Nem sempre as pessoas estão de corpo, alma e coração em seus empreendimentos. E quando o coração está envolvido, nasce o sucesso e você sente aquele prazer no fim do dia ao fazer algo com muito sentido.

Hoje posso ensinar meus filhos aquilo que faço. Eles sabem que eu não trabalho apenas pelo dinheiro. Trabalho porque sinto que ali, naquele lugar, posso mudar alguma coisa. Não é à toa que o slogan da nossa loja MacroBaby é: "a loja de bebê com coração". Não é à toa que nossa missão e valores dizem que somos uma família.

Somos efetivamente pessoas engajadas na causa humana, queremos crescer juntos, ajudar uns aos outros, entramos numa energia de amor quando trabalhamos, porque sabemos do nosso comprometimento com as mães e famílias que entram ali para comprar mais que um enxoval: elas vão adquirir um verdadeiro sonho.

Eu somente me tornei o empresário que sou hoje porque tenho consciência de que não podemos seguir adiante quando não estamos felizes num negócio. Porque podemos apodrecer aquele negócio – ou apodrecermos junto dele.

A escolha é sempre nossa: contaminar o lugar ou deixar que ele nos contamine. E se não estamos comprometidos, não tem amor, não tem história a ser contada. São apenas números. E planilha nenhuma faz o coração bater mais forte. Mesmo que o lucro seja alto, o saldo não é positivo se é feito de forma fria.

Sinta o seu negócio. Mergulhe nele de corpo e alma e só continue se estiver envolvido da cabeça aos pés – com o coração batendo forte e suspirando sempre que você pensar naquilo.

CAPÍTULO 19

Um passo por vez te leva mais longe

Foi por acaso que encontrei a fabricante da marca Primo Passi. Estava em uma série de visitas a Feiras de Bebês pela Europa e conheci essa marca italiana que significava "primeiros passos" e eu me apaixonei logo de cara.

Após uma série de negociações, trouxe a Primo Passi para os EUA e desenvolvemos toda uma nova linha de produtos os quais eu sabia que as mamães estavam procurando. A linha completa da Primo Passi tornou-se um sucesso com produtos desenvolvidos criteriosamente e um novo negócio nasceu dentro daquele que estava crescendo.

A ideia era criarmos um escritório em Xangai. Era necessário e já tinha passado da hora de ter um escritório na China para estar perto das fábricas.

Cada passo que dou me leva a algum lugar e esse da Primo Passi me levou para a China, onde nunca tinha imaginado estar. Com a Primo Passi, aprendi a criar uma linha de produtos, desenhos novos e perceber que não existem limites para a imaginação.

Foi só depois disso que percebi que fazia falta no mercado também uma linha de produtos para a pele dos bebês e também para as das futuras mamães.

Juntamente com uma empresa francesa criamos uma linha que se chama Baby Jolie. São cremes para estrias, cremes para as pernas,-seios, além de uma linha de banho para os bebês, incluindo perfumes sem álcool. Essa linha de perfume que nomeamos de "Memory" é um de nossos maiores sucessos. Nossa

Richard na Feira CBMA na China.

ideia foi fazermos uma fragrância que toda a família pudesse usar e se lembrar daquele cheirinho para sempre.

Daquela vez o tiro tinha sido certeiro. Onde íamos falava-se daquela linha cujo cheiro criava lembranças. A memória olfativa tinha mexido com as pessoas e começamos a ganhar adeptos dentro do mundo dos famosos.

Criamos condicionadores de bebê – que não eram comuns dentro deste mercado. Ouvimos divas, como a cantora brasileira Ivete Sangalo, dizerem que era a melhor linha de cremes para bebês que ela já havia testado, e de passinho em passinho alçamos grandes voos.

Até que um dia, enquanto estávamos no shopping com a Simone, uma famosa cantora brasileira, que faz dupla com a Simaria, ela foi buscar um perfume para seu filho e ficamos chocados: a fragrância para criança custava 400 dólares.

Eu disse imediatamente: "Vamos fazer uma fragrância e batizar com o nome do seu filho".

Promessa feita, promessa cumprida. Lá fomos nós testar as fragrâncias para criar a nova linha de perfumes. O resultado da brincadeira tem nome: Henry. O perfume com o nome do filho da cantora tornou-se sucesso não somente com ele, como com todos os bebês e crianças do Brasil e Estados Unidos.

No dia que ela postou em seu Instagram com milhões de seguidores, nosso website caiu com tantos pedidos. Criávamos uma tendência.

Sempre digo que tudo começa com o primeiro passo. Pode ser que a

Richard com seus amigos Kaká Diniz e Simone da dupla Simone e Simaria.

corrida seja longa, mas durante toda nossa vida é o primeiro passo que nos leva a algum lugar.

De primeiro passo em primeiro passo conseguimos grandes conquistas, como por exemplo, a criação da Me Too, uma marca de lindas bonecas de pano que negociamos exclusividade.

Depois disso, veio a Maternidade de Bonecas, um projeto inovador que se tornou um estouro. Uma experiência para as meninas que gostam de brincar de boneca.

Ainda assim, continuei abrindo novas frentes. A We Shopper era o embrião de uma plataforma online de venda de produtos que vende em pequena escala – várias marcas de segmentos diferentes.

É ali que pretendo operar produtos de nicho, como brinquedos de alto padrão e marcas classe A.

Nessa geradora de novos negócios, que se tornou nossa holding, nasceu também a Universal Baby, uma pequena loja de bebê que será franqueada para quem quer investir no nicho em áreas mais afastadas. A ideia é que a loja possa vender produtos de urgência para a mãe de recém-nascido.

Só que nem só de bebês eu vivo e respiro. Meu último investimento não nasceu acompanhando as crianças que acordam de madrugada, mas para acordar as madrugadas dos mais velhos.

O RC4, uma empresa de shows e eventos que materializei a partir do sonho de uma amiga, a DJ Carol, brasileira radicada em Orlando (FL), tornou-se a diversão da vez. Por quê? Porque além de fazer negócio, gosto de me divertir. E se divertir fazendo negócio é mais gostoso ainda.

Nunca se esqueça disso: sempre tem espaço para a diversão dentro do trabalho. É só você que não percebe.

PARTE VII

O Parto

CAPÍTULO 20

Empresa não pode ser prisão

Em todas as entrevistas que dou pelo mundo afora, os jornalistas me questionam: "como você consegue dar conta de tantas empresas ao mesmo tempo?". Eles ficam perplexos não pelo fato dos meus negócios serem diversificados, mas por eu sempre estar desfrutando da vida, "apesar" de ser um empresário de sucesso.

Vejo muitas vezes que pessoas criam seus negócios e tornam-se reféns deles. Criam empresas que são verdadeiras prisões e não conseguem fazer nada, exceto trabalhar. Líderes centralizadores que não delegam nada para suas equipes. Profissionais que acreditam que irão resolver o mundo se estiverem 24 horas por dia trabalhando.

Eu te digo uma coisa: se você quer empreender para ser livre, a empresa jamais pode ser a sua prisão. Empreender é criar oportunidades de trabalho, de novos negócios, arriscar, sofrer, trabalhar, mas jamais viver para o business como se não houvesse mais nada a fazer com o seu tempo.

Sou apaixonado pela MacroBaby. Ela foi fruto de um sonho, mas mesmo assim não estou 100% do meu tempo lá. Chego a ficar meses sem visitar a loja. E por que faço isso? Porque confio nas pessoas que estão lá. Confio na capacidade delas de gerenciarem tudo, sei que são profissionais excepcionais.

Xuxa em visita à MacroBaby declarou que a energia dentro da loja é incrível.

O empresário artístico Rodrigo Branco é amigo de todas as horas.

Alok se apaixonou pela MacroBaby ao visitar a loja.

Show da dupla Simone e Simara em comemoração aos 10 anos da MacroBaby.

Ivete Sangalo também é membro da família MacroBaby e fã ardorosa da marca.

Cláudia Leitte, que chegou a classificar a MacroBaby como a "Disneyland das grávidas", adquiriu todo o enxoval na loja.

Tatá Werneck alegrou a todos em sua visita à Macrobaby.

Thammy Miranda fez o enxoval na MacroBaby e se tornou um grande amigo de Richard com quem conversa quase todo dia.

Leandro Hassum prestou homenagem ao seu grande amigo Richard quando o prefeito de Orlando, Buddy Dyer, proclamou 6 de março o Dia do Richard Harary.

Thaeme trouxe a família toda para fazer o enxoval da sua primogênita na MacroBaby

    O negócio sempre tem que rodar sem que o empresário esteja ali mandando e desmandando. Vamos supor que sempre que você vá à sua loja você encontre coisas erradas e literalmente passe mal com isso. O que acontece comigo é que eu sempre vou encontrar "defeitos", mas chegamos num ponto que dentro da operação diária não tenho mais nada para adicionar.

    Em ideias sempre terei o que adicionar, mas na operação diária, não.

    A MacroBaby vai crescer tão rápido como se eu estivesse lá?

    Ela operando 80% ela deixa 100% do meu tempo livre. Eu dando 100% do meu tempo, significa eu não ter tempo livre. E sem tempo livre não tenho tempo para criar novos projetos, visitar lugares e pensar em novas ideias de negócio.

    A resposta é sempre a mesma: o segredo é ter boas pessoas ao seu lado e saber dividir as tarefas.

Tenho ao meu lado pessoas confiáveis e capazes de tocar o negócio para quem delego tudo.

Você pode estar se perguntando: "Mas, Richard, começar um negócio não é fácil... até que ele pegue o jeito".

Pois é. E eu, mais que ninguém, sei bem disso.

Há pouco tempo comecei a dar consultoria para pequenos empresários. Começaram a surgir pequenos empreendedores do Brasil com micro negócios pedindo consultoria. E eu percebi que não era exatamente o que faríamos. Decidi afunilar depois de iniciar de forma abrangente.

Então, encontramos o ponto certo: eu iria ajudar pessoas que queriam se mudar para os Estados Unidos a começarem seus negócios. Via muitas pessoas sendo enganadas por charlatões que queriam dinheiro para dar uma consultoria sem sentido e coloquei todos os pontos – além de uma equipe com advogados, contadores, profissionais – para auxiliar nesta pequena empresa.

Ela começou de uma maneira e teve seu ponto de maturação até se tornar a empresa que é hoje.

Nem tudo começa exatamente do jeito que vai ser. Vamos encontrando o modelo e o caminho vai se mostrando conforme vamos caminhando. Se muitas vezes a ideia é uma, na prática que vamos percebendo desafios e desviando de obstáculos.

Ao mesmo tempo, quando diversificamos o negócio, um ajuda o outro e traz uma ideia nova para o outro. Ou seja: eles complementam-se entre si.

Um outro fator importante é que dá para otimizar áreas conforme você cresce. A contabilidade é uma só, mas tenho duas ou três pessoas geniais na parte financeira que é uma das mais delicadas da empresa, e desta forma consigo expandir exponencialmente de forma que as pessoas chaves ajudam-me a tocar todos os negócios em paralelo.

O que quero que você entenda é que um empresário precisa dar autonomia para as pessoas quando quer abrir um negócio. Vejo chefes controladores que querem observar tudo que é feito, validar tudo, dizer sim e não, mandar e desmandar. E a equipe fica de mãos atadas e não pode solucionar nada sozinha. O pior disso tudo é que o empresário não pode ausentar-se que nada funciona sem sua presença.

Percebe que muitas vezes isso é uma vaidade do empreendedor? Dizer que nada funciona sem a presença dele? Hoje eu não quero controlar nada. Quero que cada um faça seu trabalho de forma bem feita.

As pessoas dizem "Contratei o melhor profissional do mundo", mas entenda o meu ponto: Ninguém é substituído por uma pessoa só. Três ou quatro pessoas boas podem te substituir. Várias pessoas juntas conseguem um resultado até melhor.

Tenho amigos empresários que me dizem assim: "Não consigo viajar, porque eu não consigo sair da empresa".

Minha resposta é sempre a mesma: "Meu amigo, se você não consegue sair da empresa, você não tem uma empresa, mas sim um bom trabalho. No dia que você morrer, sua empresa também passará a não existir".

A pergunta chave é: "Se eu morrer isso aqui continua rodando sem mim?" Pergunte a si mesmo. E eu te digo hoje: eu nem preciso estar aqui.

Imagine se Steve Jobs fosse um sujeito que centralizasse tudo. A Apple teria morrido com ele. Ele foi capaz de criar uma empresa com seu DNA e fazer com que ela funcionasse sozinha, mesmo sem ele por perto. Ele instalou um conceito, engajou pessoas numa causa e fez daquilo um sonho conjunto.

Faz parte do DNA do empreendedor criar um ambiente que seja capaz de prosperar e crescer sem que ele esteja por perto.

Sempre deve estar na cabeça do empreendedor esse pensamento. E quanto mais rápido ele souber disso, mais rápido ele criará uma empresa de sucesso.

Eu ensino meus mentorados a pagarem bem aos seus colaboradores, de forma que entendam que quando o seu colaborador está engajado no negócio ele pode ser parte dele.

A matemática é dividir para multiplicar. Dar participação no lucro, fazer as pessoas tornarem-se donas do seu negócio.

Primeiro ache alguém com capacidade, depois pague bem. Não adianta querer pagar pouco e esperar muito.

Eu tenho meu jeito de gerenciar e observar minhas empresas e a filosofia de uma empresa é pautada pelo que o empresário acredita. As minhas são sempre voltadas para a prosperidade e generosidade. Essa é nossa cultura.

Queremos criar grandes memórias, somos mais que um time. Somos uma família.

Crio a empresa e jogo para o mundo, com a confiança de que as coisas vão dar certo.

Minha dúvida é: sua prioridade ao abrir a empresa é não operar nela? Eu me lembro que lá no começo eu dizia que precisava tirar o escritório de dentro da loja. Essa era minha meta. Isso é mais importante que fazer a empresa crescer.

As pessoas criam prisões ao invés de empresas – elas querem ser empreendedoras para terem liberdade, mas acabam tornando-se reféns daquilo que elas criaram. Elas criam suas próprias prisões. E sentem-se reféns do negócio.

No fundo, a ideia é planejar como quero fazer isso. Como delegar, criar a timeline de como isso vai ser feito, como será o investimento.

Você cria o passo a passo, cria o mapa e depois procura quem executa. Se não criar o mapa, não consegue encontrar pessoas certas.

Minha maior dificuldade como empresário é ir do nível bom para o excelente. Levar para o próximo nível. E engajar sempre a equipe para que ela saiba onde precisamos estar.

Meus colaboradores pensam como donos, não como funcionários. Agem diariamente como se o negócio fosse deles.

Isso só acontece porque, como líder, eu engajo as pessoas.

No fundo, no fundo, esse é o CEO dos sonhos de uma empresa – não aquele que tem o conhecimento técnico. O que sabe formar uma equipe.

O segredo do CEO é encontrar pessoas certas e engajar. Ele cria a equipe

Se observarmos os grandes líderes da História, constataremos que fizeram exatamente isso. Conseguiram engajar pessoas. Pessoas que morreriam por eles.

Numa guerra, são os soldados que pegam em armas. O comandante faz os soldados agirem.

Richard à frente de sua equipe na MacroBaby.

CAPÍTULO 21

O mundo das ações

Aos 12 anos despertei para o mundo espiritual. Queria conectar-me a algo maior e busquei no Judaísmo uma forma de conhecer-me melhor e conhecer uma cultura e religião com preceitos tão antigos.

Meus pais apoiaram-me nesta busca e fui parar numa escola judaica onde eu me reunia com crianças em idade de alfabetização. Eles estudavam hebraico.

Quando saí do Brasil, aos 18 anos, senti falta de uma comunidade judaica. Não existia nenhuma sinagoga nessa área e minha alma parecia precisar desse alimento espiritual – principalmente porque eu me sentia sozinho naquele país estrangeiro.

Acredito muito na força da palavra, mas principalmente em como o pensamento nos capacita a darmos forma a tudo aquilo que desejamos. E foi assim, como um milagre ou uma sincronicidade, que o Rabino Yossef Konikov apareceu na minha vida.

Ouvi o interfone e, para a minha surpresa, do lado de fora encontrava-se um rapaz dizendo que estava abrindo uma Sinagoga e queria me conhecer.

Imediatamente percebi que estava sendo ouvido em minhas orações e o recebi. Em pouco tempo nos conectamos e viramos amigos. Era uma amizade não religiosa, já que éramos jovens e conversávamos sobre tudo.

Com 28 anos, ele era uma pessoa simples que vinha com a cara e com a coragem para os Estados Unidos, munido de força espiritual para juntar a comunidade judaica que ali residia.

Em nossas conversas lembro-me que o questionava muito. Ele falava sobre Deus e eu fazia perguntas o tempo todo – não porque quisesse colocá-lo contra a parede, mas porque gostava de ouvi-lo argumentar. Tudo era tão genuíno, e suas respostas pareciam ter tanta lógica que eu me sentia contemplado por sua presença em minha vida.

Minha vida ficava mais preenchida com Deus. E não era só Deus. Era um amigo com quem eu falava de Deus. Sim, o rabino era meu amigo, meu conselheiro e através das nossas conversas tínhamos tanta sintonia que aquela relação tornou-se o ponto forte da minha vida em determinado momento.

Todos os dias, às 9 horas da noite, conversávamos sobre os mais diversos assuntos. E por mais que as conversas seguissem para rumos distintos, ele sempre me trazia uma reflexão, uma ponderação diferente, uma palavra que me conduzia pelo caminho certo em todas as estradas.

A vida era nosso assunto principal. E o norte que ele me dava era sempre ter a ação correta. Através da ação correta é que a paz poderia reinar. Esse era seu discurso.

A palavra paz no judaísmo é tão forte que nos cumprimentamos com "Shalom", uma palavra hebraica que significa "paz" e o próprio Papa João Paulo II declarou, certa vez, que admirava a religião que pedia paz no cumprimento.

A busca pela paz começou a permear minhas decisões cotidianas. E sempre que eu precisava de um conselho, lá estava o rabino ajudando-me a decidir o que fazer.

Quando a minha loja ia ser demolida, lembro-me de ir conversar com ele, apreensivo:

— Deus não está querendo que eu continue. Vou vender apenas online — disse a ele, contando que tinha aparecido um cômodo para alugar, mas cujo aluguel era dez vezes mais caro.

Ele me olhou com um jeito amigável e disse:

— Richard, nunca veja nada do que acontece em sua vida como uma punição de Deus.

Eu continuava com o coração apertado. Uma angústia grande, porque as coisas pareciam mais difíceis do que eu parecia suportar.

— Richard, você já foi no mar? O que acontece quando vem a onda mais forte? — ele perguntou com calma para depois responder — Fica mais raso, porque a água recua para trás para vir com mais força. Para ter uma onda grande, a água tem que recuar. Na cama elástica é a mesma coisa... Para pular mais alto, tem que pular mais fundo. A descida não é uma punição porque você não sabe onde vai chegar.

Lembro-me de anotar aquelas palavras e ficar refletindo durante um longo período sobre aquilo que ele havia dito. Fazia tanto sentido que mesmo com a situação não resolvida, eu entendi que não era hora de desistir.

— Tudo é para o bem — ele concluiu.

E era assim que as nossas conversas faziam com que eu pensasse cada vez mais nas ações. E principalmente, percebesse que a lógica dele era diferente da lógica do mundo.

"Você sabe que a coisa a ser feita é importante quando existe algum tipo de oposição", ele dizia. "Se não existe oposição, essa coisa não é tão importante assim".

E é claro que ele estava 100% certo. Para evoluirmos na vida existe essa resistência e força que precisamos superar. Sempre que eu tinha medo de algo, ele pedia para eu ir adiante. Para não pensar que era algo negativo. Dizia para não desistir e usava o lado lógico das coisas.

Além disso, foi com o rabino que me conectei com pessoas que eram especialistas em diversas áreas de atuação. Com sua rede de contatos, ele sempre tinha a pessoa certa a indicar para que eu conseguisse solucionar meus problemas.

Essa conexão espontânea fazia com que a prosperidade nos unisse. E eu percebia cada vez mais que as ações corretamente orientadas é que faziam a diferença na vida.

O que tira a paz de espírito do ser humano são as partes práticas da vida que não estão bem resolvidas. Não adianta dizer "reza dez Ave-Marias" que você vai livrar-se desse problema.

A parte humana que ele me ajudava a destrinchar era justamente essa: a parte material. Tem religiões que dizem que se rezarmos o problema vai embora, mas ele não vai embora sozinho. Precisamos agir para isso.

Com ele aprendi que aqui é o mundo das ações. Existe o mundo espiritual, mas vivemos no mundo das ações. "Não é uma coisa espiritual. Estaremos lá no espiritual quando morrermos, mas aqui, tudo de bom que poderemos fazer são ações".

Desta forma eu percebia que se você apenas chegar para o mendigo e disser "vou rezar para você, está tudo bem", você não vai ganhar nenhum pontinho com Deus e nem vai mudar tanta coisa. Mas se for lá e der um prato de comida, ou ajudá-lo a ser reinserido na sociedade, você estará agindo pelo bem dele.

O motivo da vida é fazer boas ações e evoluir.

Espiritualidade é prática. Não é falar apenas. É agir conforme o que você acredita.

CAPÍTULO 22

O mundo dos milagres

– Não acredito que ele tenha me roubado!

Foi com essa frase, possuído de raiva, que fui até o rabino contar sobre o incidente com uma pessoa que ele conhecia.

Para minha surpresa, aquele episódio trar-me-ia três grandes lições.

A primeira delas, que ele fez com que eu entendesse com clareza, foi que não era correto difamar alguém.

– Mas como, rabino? Ele me roubou! Você quer que eu fale bem dele ainda por cima? – perguntei.

Ele me olhou com sua calma e persistiu:

– Mesmo que você tenha sido roubado, não é correto difamar outra pessoa.

Desta forma, ele ensinava-me a não revidar, nem fazer com que aquela pessoa fosse publicamente repreendida pelo seu ato. Ele ensinava-me sobre perdão, sobre não levar nada a ferro e fogo, nem me vingar.

Eu engoli a seco e demorei a entender, mas decidi calar-me.

Só que, ainda assim, tinha muita raiva da situação.

– Você não deve ter raiva das coisas – ele repetia.

E eu ficava mais nervoso ainda.

– Como não ter raiva? Eu fui roubado, a pessoa continua andando por aí como se nada tivesse acontecido, eu não posso falar mal dessa pessoa para ninguém e agora nem posso ficar com raiva? – desabafei.

E ele perguntou com sua sabedoria:

– Você acredita que Deus está no controle das coisas?

Respondi que sim.

– Se Deus controla tudo o que acontece, sentir raiva equivale a negar esse poder divino. É como ter raiva de Deus.

O rabino Yosef Konikov e Richard que juntos abriram a sinagoga do Chabad de South Orlando.

E explicou:

– Deus está no comando de tudo. Você não deve ter raiva. Não é algo que você deveria ter dentro de você.

E é natural ter raiva das situações, só que a raiva nos tira do foco e nos faz exaltar um incidente que pode tirar toda nossa paz de espírito.

Temos que nos focar em nosso objetivo e os obstáculos fazem-nos aprender mais sobre resiliência. Aliás, aprendi a palavra "resiliência" com o rabino, que me fez esperar até que um milagre acontecesse.

A pessoa que havia me roubado devolveu toda a quantia.

Os milagres são um tema importante nos escritos dos filósofos medievais. E talvez, por eu ter compreendido a lição, não precisei perder um bem material.

Hoje em dia dificilmente sabemos explicar milagres. E o raciocínio humano nega a possibilidade da ocorrência destes, mas eu pude entender que milagres são fruto da comunicação direta com Deus e eles geralmente acontecem para trazer fé aos céticos.

Os milagres ocultos são evidentes para quem tem fé.

Ele expressa Seu poder ilimitado e nos faz entender como precisamos acreditar mais e entender como o poder da ação correta coloca-nos num caminho que traz mais do que prosperidade e paz de espírito. Coloca-nos uma trilha onde colhemos exatamente aquilo que semeamos.

A questão da raiva contida me fez entender que eu precisava sair da posição de comando e deixar que aquela situação ficasse a cargo de Deus. E o fato de não difamar a pessoa publicamente possibilitou um entendimento que, a princípio, eu acreditava ser impossível.

Mas o que pode ser impossível?

Milagrosamente, minha vida mudou quando comecei a entender esta maneira de enxergar as coisas. Foi com a mão do rabino que fui conduzido à prática de ações que me traziam mais do que paz de espírito – faziam-me ponderar diante de situações que pareciam insolúveis.

As orações começaram a se fazer mais presentes em minha vida conforme entrei no fluxo dos milagres. Eu comecei a materializar tudo aquilo que sonhava e acreditava ser possível porque a fé e a oração combinadas trazem um poder de criação para o ser humano.

O que sugiro a você hoje é encontrar – seja na sua religião, ou na forma de espiritualidade que preferir – uma maneira de ligar-se diretamente com Deus. E com essa comunicação direta, entenda seu coração, seus pedidos, suas aflições, e peça com amor, sem raiva, com perdão, porque tudo que você anseia e está dentro do seu coração é atendido.

Acredite em milagres.

Realize milagres. Ou seja um portador deles.

CAPÍTULO 23

Uma fotocópia não é sustentável

Assim que percebi que estava indo bem com meus negócios, percebi que quando começamos a caminhar melhor, as pedras no sapato surgem inesperadamente. Em outras palavras, as pessoas começam a copiar aquilo que você está fazendo, sem qualquer pudor. Não foi do dia para a noite, mas em determinado momento notei que havia uma loja em Miami de produtos de bebê que estava fazendo tudo o que fazíamos.

Primeiro, começaram a imitar as propagandas que fazíamos e, em seguida, tentaram levar colaboradores e fornecedores. Depois disso, foram atrás de nossos personal shoppers!

Na maior desfaçatez, eles estavam tentando "clonar" o nosso negócio. Comecei a perceber que estavam agindo de má-fé e vi que tínhamos um problema ético.

Eu considero que concorrência é importante para a economia e nos faz sermos melhores. Competimos e é natural que empresas do mesmo segmento que ofereçam serviços parecidos tenham algo em comum.

Mas aquele não era o caso.

Os meios utilizados não eram nada saudáveis. Eles copiavam nosso visual, imitavam muita coisa e aquilo me fazia perder o sono.

Só que ao longo do tempo aprendi a lidar com a concorrência. Enquanto muita gente acha que é bom ser copiado porque isso indica que você está acertando, uma coisa é copiar, outra é se inspirar.

Sempre vai existir espaço para quem for o melhor. Se abre uma loja de um concorrente meu, e se ele for melhor que eu, é hora de preocupar-me.

O que uma concorrência sadia faz é melhorar o nível de

Palestra de Richard em 2019 na Pueri Expo | Feira Fit, evento infantil para bebês realizado na cidade de São Paulo.

tudo para o consumidor final. E se isso está acontecendo, em algum momento sinto-me desafiado a buscar alternativas para fazer algo melhor para meu público.

A primeira providência quando isso aconteceu foi falar com as fábricas, a fim de melhorar coisas que não fazíamos antes.

Vamos supor que somos uma aeronave: se estávamos voando a dez mil pés e chega um aviãozinho se aproximando, precisamos subir para vinte mil pés para nos distanciarmos dele.

Como me distancio de um concorrente? Voando mais alto que ele.

Você pode dar tiro nele ou voar mais alto, e a minha ideia nunca foi revidar ou tentar eliminar o concorrente frente a frente, a minha ideia sempre foi voar mais alto. Nunca ficar brigando.

Essa briguinha de formiga não é comigo.

Mas também devo afirmar que tive concorrentes saudáveis que me fizeram crescer ao longo da minha carreira. Toda concorrência faz a gente crescer porque conforme observamos o mercado e como ele se comporta, crescemos.

Precisamos identificar quem é nossa concorrência. E as pessoas geralmente não identificam isso. Identificar seu concorrente é importantíssimo, porque nem sempre a concorrente é quem você acha que é.

Olhar sob outra perspectiva é importante.

Por outro lado, nunca me inspiro numa loja de bebê para melhorar.

Para eu ser melhor preciso observar o "melhor do melhor".

Inspiro-me numa rede de supermercados dos Estados Unidos que não trabalha no meu segmento, mas tem as prateleiras cheias, bom estoque, atendimento bom e sempre que vou lá, percebo o quanto posso crescer.

Todo mundo sabe como Steve Jobs fazia em relação ao atendimento. Sempre que percebia algo que poderia agregar, ele investia nisso para que todos os seus colaboradores pudessem ter acesso a tal experiência e treinar as equipes conforme aquilo que ele acreditava ser o melhor.

O atendimento da rede de hotéis Ritz, considerado um dos melhores do mundo e experiência com o cliente, seduziu Steve Jobs, que acabou levando sua equipe para vivenciar a experiência e aplicar no modelo deles de negócio.

Olhar algo que não fazemos e podemos adotar como política dentro da empresa é saudável e nos faz crescer.

O que a Macrobaby tem de melhor é o atendimento e a variedade. Isso que faz com que ela se torne única? Isso faz os outros quererem copiar. Elas querem o resultado, mas não querem o trabalho.

Por isso ninguém consegue copiar o resultado. Porque nem identificam o que eu faço internamente.

Como cheguei no melhor atendimento? Como desenvolvi meu treinamento? Como copiar algo que é feito por um time que tem uma capacidade ímpar?

Eles não têm um cara como o meu no RH, que tem o feeling de saber se a pessoa é boa de olhar. Não tem pessoas iguais.

Não tem como copiar a cultura de uma empresa, porque é a liderança que implementa isso desde o começo.

A verdade é que a tal loja que tentou me copiar foi um fracasso. Não só fecharam em Miami como também em Orlando.

Se você faz uma empresa com o intuito de copiar outra que está na liderança, já está condenado ao fracasso. Você não inovou nem trouxe nada original. Um xerox não é sustentável.

No minuto da crise é o primeiro a cair fora e é apenas uma cópia.

PARTE VIII

O Nascimento

CAPÍTULO 24

A música não pode parar

A Carol já era minha amiga fazia algum tempo. Havíamos nos conhecido na MacroBaby, porque ela tinha sido minha funcionária.

Sempre que saíamos para nos divertir, ela brincava "queria que você fosse meu empresário". E desta forma, começava uma ideia. Porque eu a admirava como artista, mas nunca havia trabalhado no ramo de eventos.

Richard com sua amiga e sócia na RC4, a DJ Carol (Carolina Favaro).

Celebridades em um dos eventos da RC4 no Halloween (Dia das Bruxas) de 2020, realizado no ACE Cafe Orlando.

— Eu não seria seu empresário, mas poderíamos ser sócios.

Foi com essa conversa que se iniciou uma parceria. Não seria apenas o Baile da Carol que faria as madrugadas mais quentes dos Estados Unidos: seria uma empresa de entretenimento musical.

Foi assim que nasceu a RC4 – o nome veio da junção de Richard e Carol. Ela entrou com o talento, eu com a expertise de mais de 25 anos em marketing. Não seriam simples festas. Os eventos contariam com a energia da Carol, com a parceria de amigos, locais estrategicamente pensados para que as pessoas sentissem a experiência mais marcante de suas vidas.

Com o nascimento da RC4, surgiu uma nova demanda: novos talentos ainda desconhecidos que precisavam de um empurrãozinho e visibilidade.

Mas como nada cresce se não colocamos o coração e a energia, começamos a apostar todas as nossas fichas nisso.

Começamos a RC4 do zero, mas sabíamos que poderia ser um novo modelo de negócio que pode ser exportado para o mundo em cinco anos.

Pesquisei sobre o mercado de entretenimento, cuja tendência é só crescer, já que estamos pobres em entretenimento de qualidade e é um tipo de *business* que posso expandir facilmente.

A ideia de fazer uma festa em LA e Miami simultaneamente, de criar possibilidades é como tirar um sonho do papel e sonhar mais, como se nada fosse impossível.

Muita gente me pergunta: "Richard, mas você sonha grande demais para um negócio que está apenas começando!"

Mas existem prós e contras de pensar num futuro grandioso.

A questão é que muita gente começa pequeno, pensando pequeno.

Eu por exemplo, posso fazer tudo como uma empresa pequena. Faço uma festa que ganho 500 dólares e não deixo de capitalizar e nem de efetuar as coisas de uma empresa pequena.

Sei que a escada é enorme, mas não vou pular degraus. Sei onde quero chegar. No décimo andar. Não significa que vou ficar estagnado sem saber o que fazer olhando lá para o topo.

Subo um andar por vez.

Mas muitas vezes as pessoas cometem dois erros. O primeiro é que não querem começar. Querem pegar um elevador direto para a cobertura, sem o trabalho de aprender com cada degrau.

O segundo é que quando estão no começo fazem tudo de qualquer jeito, esperando estar no topo para agirem como uma empresa grande.

Não é por aí. Eu estou sempre vivendo o presente e sabendo onde quero chegar no futuro.

Faço com que todos os detalhes tenham um nível profissional – de site a flyer, como se fôssemos a maior empresa dos Estados Unidos. Se não souber hoje que quero dar uma imagem corporativa, como vou crescer?

Se quero fazer a empresa crescer, preciso criar uma imagem de uma empresa séria e isso só é possível quando sabemos onde queremos chegar.

Sobre a parceria de sucesso ideal, a matemática é simples: o casamento perfeito e promissor entre duas pessoas, no âmbito dos negócios, é quando um não se mete no lado do outro e cada um faz a sua parte bem feita.

Melhor do que dois empresários que podem se confrontar.

Com a DJ Carol, nossa sociedade funciona porque confio nela 100% na operação. Não me meto a dizer sobre o repertório que ela toca, nem que música é mais adequada para cada ocasião e lugar.

O meu trabalho é criar uma marca.

O que estou fazendo? Criando luzes de led, *backstage*, fotos para chegarem aos convidados e compartilharem nas redes.

Se eu não soubesse aonde quero chegar, ia fazer uma simples festinha para ganhar um trocado. A questão da sociedade é ter uma parceria onde você confia no seu parceiro de negócio.

CAPÍTULO 25

Cada cultura, um aprendizado

Um conhecido chegou do Brasil e quis montar um restaurante de sushi nos Estados Unidos. Ele dizia que tinha uma rede no Brasil e acreditava que era só replicar a operação que daria tudo certo aqui.

Claro que foi tudo por água abaixo.

Se uma pessoa tem 10 restaurantes num país, não adianta chegar no outro e imaginar que sabe operar naquele lugar.

– Você sabe vender sushi – eu disse a ele. Não significa que vai dar certo.

Tem que começar do zero. A melhor coisa para isso? É associar-se com pessoas que conhecem o mercado e ir cortando caminho. O que isso quer dizer?

Não significa que trazer sua operação do Brasil, porque Estados Unidos é outro mundo. Um mundo de gigantes.

Quantos brasileiros você acha que chegam aqui e quebram a cara achando que é fácil empreender?

As pessoas pensam que é fácil, porque não temos leis trabalhistas, mas temos muitas outras coisas que não existem no Brasil, além da concorrência 100 vezes maior.

Subestimar o mercado americano é o maior erro que uma pessoa pode cometer. Muitos brasileiros acham-se espertos engatinhando no negócio e eu costumo dizer para quem diz que faz sucesso no Brasil: "Tudo bem. Você tem sucesso no Brasil porque o Brasil é a terra do cego e você tem um olho". Já vi pessoas chegando na malandragem e dizendo "ah, vou abrir um restaurante para vender aqui, porque nesse bairro não tem".

Vou te contar um segredinho: aqui as grandes redes que são donas de 50 marcas de restaurantes têm um escritório, geralmente com uma equipe caríssima em Nova Iorque, que está recebendo planilhas diárias atualizadas com toda a movimentação de cada bairro dos Estados Unidos e de cada lugar que abre e que fecha no ano seguinte. Ou seja, se não tem uma loja naquele lugar é porque esse sujeito engravatado de Nova Iorque não quis. E se ele não quis é porque os gráficos daquela região não agradavam.

Então, você acha que vai abrir um negócio de sanduíche e acha que vai dar certo, mas dois meses depois descobre que ali não é uma área residencial, ou não tem qualquer movimento que justifique um comércio.

Se ninguém fez, não é porque ninguém percebeu a oportunidade e só você detectou.

Aqui você está na terra dos mestres. É tudo empacotado e eles são máquinas de abrir negócios. Não é dinheiro próprio. São bilhões para abrir uma empresa. São fundos de investimento dedicados apenas a fazer isso.

A concorrência é como um trator aqui. Existe um termo que traduzido ao pé da letra significa "corporação americana", criado na década de 70.

Nas ruas havia floriculturas, bancos, açougues, lojas, só que as corporações foram se formando e formaram-se os grandes fundos e começaram a surgir empresas como o Walmart, empresas gigantes que ao invés de serem empresas que abriam uma ou duas, juntavam o que todas elas tinham e vinham para uma cidade e quebravam todas as outras.

O Walmart tem o açougue, a banca de jornal. Ele chega e esmaga tudo que tem ao redor. Abrem sem dó nem piedade. Indústrias inteiras desapareceram.

E o que acontece?

Nestes shoppings americanos você encontra as mesmas lojas.

O que eu quero dizer com isso? Que para entrar num país, você precisa entender e respeitar a cultura daquele país e aprender com ela, não apenas chegar achando que você entende de determinado mercado porque domina aquele negócio em outro lugar, com uma cultura diferente, com leis diferentes.

É preciso sempre termos a humildade de que estamos em aprendizado, que devemos nos curvar diante de um outro povo e respeitar suas leis, entendendo cada uma delas, observando como a cultura daquele país se comporta e como podemos inserir nossa expertise nela.

Muitos entram e querem mudar uma cultura local. E você já experimentou tentar forçar uma pessoa que come carne diariamente a ser vegana?

Não acontece. Porque ela aprendeu desde pequena um determinado hábito e não vai mudá-lo da noite para o dia.

Por isso, devemos observar, aprender e respeitar – regras básicas para começarmos novos negócios que possam ser sustentáveis e crescer.

A humildade é uma benção neste processo, porque você percebe que pode fazer parcerias, ouvir pessoas, entender do mercado ao invés de impor as suas condições.

Ninguém entra na casa do outro e muda tudo de acordo com as próprias vontades. É preciso conhecer antes se você pretende se relacionar.

E para conhecer, não se coloque num pedestal como se você dominasse o assunto. Observe como se nunca tivesse tido qualquer contato com isso.

Alguma coisa você poderá aprender, assimilar. E quem sabe, incorporar no seu negócio.

CAPÍTULO 26

Seja um adulto com alma de criança

Todo mundo que me conhece sabe o quanto me divirto fazendo o que faço. Não é nenhuma surpresa para ninguém quando percebem que surpreendo com uma piada no meio de uma reunião, ou quando criamos um clima de descontração no meio da tarde para tirar o peso das obrigações.

E essa maneira de ver a vida, com mais leveza, foi algo que desde sempre levei para o trabalho. Ser adulto com alma de criança é algo que nos obriga a perceber que sempre dá para olhar tudo sob outro prisma.

Percebo o quanto hoje a maioria das coisas que vejo como problemas não são detectadas desta forma pelo radar dos meus filhos. Saio constantemente com os três e eles enxergam a vida de um outro jeito, como se sempre houvesse soluções práticas para tudo.

Mas a mente adulta complica ao invés de criar soluções. Estamos sempre contaminados com o vírus do medo e, na maioria das vezes, criamos barreira para o campo das possibilidades ao enfrentarmos a realidade com as preocupações. É através do olhar deles que passei a tentar enxergar as coisas quando percebi que sofria demais com muitos problemas pequenos.

Ou você nunca ficou semanas se preocupando com algo que se resolveria sem que você precisasse passar tantas noites sem dormir?

É claro que estou longe de ser um Buda ou ter a pureza de uma criança, mas conscientemente faço um esforço para poder desconectar-me daquele fardo que muitas vezes levamos sem perceber.

Outro dia, numa reunião com toda a minha equipe, comecei a imaginar que todas as pessoas eram crianças. Como se ainda fossem. Imaginava a chefe da equipe ainda pequena,

Richard pula de paraquedas pela primeira vez e ensina que "a melhor forma de vencer o medo é enfrentá-lo".

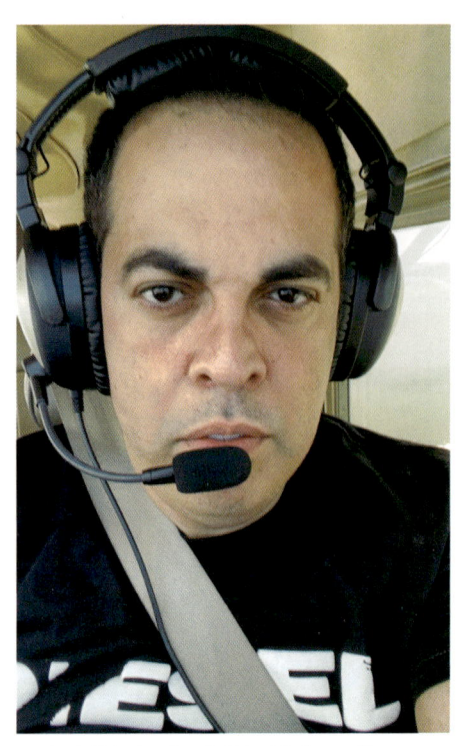

Um dos hobbies favoritos de Richard é pilotar avião.

o diretor financeiro... E sabe o que esse exercício possibilitou? Que eu percebesse como o tempo passou, as experiências nos trouxeram bagagens, mas ainda assim, já fomos aqueles pequenos seres que só viviam destemidos com o sonho de serem adultos.

O que mudou de lá para cá? Crescemos, assumimos novas responsabilidades, mas com elas, veio o peso. E esse peso é que nunca deveríamos carregar: o peso de ser adulto é equivalente e proporcional à maneira como você encara os desafios da sua vida.

Crianças enxergam tudo como se só houvesse o hoje, e enxergam as relações de maneira mágica e despretensiosa. Não barganham nada por interesse, não criam roteiros de tragédias em suas mentes, nem tentam tirar vantagem das pessoas.

Elas só vivem aquilo que está diante delas de coração puro, confiando na magia da vida, acreditando que o que o outro está dizendo é verdade. Sem desconfiar das pessoas ou temê-las.

A alma pura da criança no mundo corporativo nos salvaria de muita coisa.

Para começar, quanto mais descontraídos estamos, mais produtivos podemos ser, porque muitas grandes ideias nascem quando a mente não está focada em planos ou desafios.

O mercado de trabalho também seria mais humano porque todos estariam dispostos a colaborar uns com os outros – não a competir. A criança sempre está ali para doar generosamente sua alegria, tempo, ideias. Desmedidamente.

Além disso, seríamos peritos em não levar tudo tão a sério. E quem aprende essa arte de viver também se diverte com o que faz. E nesse quesito eu posso dizer que consegui aprender o bastante com meus filhos.

Se trabalhar não fosse uma diversão para mim, eu não faria mais o que faço hoje.

A premissa de se divertir no trabalho é ter um entrosamento com sua equipe, capaz de engajar todos num espírito de harmonia. E é constante que tenhamos momentos únicos fora do trabalho, para fortalecer os laços que começaram a ser firmados ali dentro com um contrato.

Em algum momento das nossas vidas todos vamos perceber o quanto sairíamos fortalecidos das relações se entrássemos nelas desarmados.

Como assim, Richard? Você deve estar se perguntando.

A verdade é que muitas vezes – de tanto sermos enganados – criamos uma casca protetora para evitar que isso aconteça novamente. Então, acreditamos que desta forma estamos sendo "profissionais", "precavidos". Quando no fundo estamos agindo na defensiva, com medo de que nos passem a perna, que percebam que estamos com a guarda baixa.

Eu sempre digo que prefiro confiar, ser enganado, do que viver na eterna desconfiança. Criança é assim: nunca desconfia de ninguém nem vê maldade no outro.

A alma pura permite que tenhamos um estilo de vida desprendido, sem medo de perder o que temos – nosso status, nosso dinheiro ou o que nos prenda nesse mundo e nos dê a falsa sensação de segurança.

Já fui traído e inclusive sequestrado quando estive no Brasil. E por mais que tentasse me blindar desse tipo de acontecimento, tudo aconteceu por causa de pessoas que confiei. Que estavam presentes no meu dia a dia.

Depois disso parei de confiar nas pessoas? Claro que não.

Eu viveria desconfiado, amargo e descontente se adotasse essa postura.

Claro que entendo que muitas pessoas não querem cruzar os limites entre vida pessoal e profissional. Não é disso que se trata. Meu pai, inclusive, nunca recebeu nenhum colega de trabalho em nossa casa e desde que me conheço por gente o vejo sendo cauteloso com suas amizades, separando muito bem a vida pessoal da profissional.

No entanto, quando temos esse distanciamento não permitimos que outras coisas aconteçam. Essa "proteção" nos deixa longe de possíveis "perigos", mas também nos deixa incapaz de vivenciarmos as alegrias ao lado de quem está no nosso cotidiano.

A lição que eu gostaria que você entendesse é que ser um adulto com alma de criança requer coragem – a coragem de deixar seu coração transparecer, de mostrar-se vulnerável, de se entender impermanente nesse mundo e perceber que as pessoas também são crianças que cresceram. Cresceram com seus medos, com suas questões e desafios. E também foram puras um dia, mas acabaram assimilando os medos, crenças e tudo aquilo que seus pais as fez acreditar.

Não existe certo ou errado nessa história.

Só acho que quanto mais levamos a vida com leveza, mais conseguimos nos equipar para seguir pela vida com aquela premissa de que tudo é possível, que as pessoas são boas e todos querem simplesmente viver o melhor.

A pureza é uma qualidade, e quando vivemos nesse estado, entendemos o porquê de a infância ser chamada como a melhor fase da vida.

CAPÍTULO 27

De olho nos números

Um homem de negócios geralmente fica de olho nos números, certo?
Mas será que só de planilhas vive o empresário?
E se eu te disser que muitas das decisões mais acertadas da minha vida foram conduzidas e auxiliadas por uma numeróloga?
A numerologia foi desenvolvida por um matemático grego chamado Pitágoras e ele relacionava cada número a um princípio universal. Desta forma, pode proporcionar uma melhor compreensão do comportamento humano e do autoconhecimento.
Desde pequeno eu fui ligado à numerologia. E a primeira vez que fui a uma numeróloga, ainda com 13 anos, ela me disse:
— A única coisa que você precisa na sua vida é aprender um idioma.
Eu fiquei estático e ela continuou:
— Tem um líder dentro de você.
Eu comecei a perceber que aquilo fazia sentido porque certas coisas aconteceram a partir dos 18. Eu estava num país estrangeiro recomeçando a vida quando me lembrei daquela frase.
"Como ela sabia?", eu me perguntava constantemente.
Depois comecei a conhecer uma pessoa e a consultar-me com ela a fim de entender melhor sobre numerologia.
Números podem alavancar uma empresa ou favorecer um negócio. E estudar isso é estar atento ao que torna a prosperidade factível.
Hoje tenho minha mestre e uma relação de amizade com ela e nos falamos sempre que preciso tomar qualquer decisão importante.

Richard no maior depósito de produtos para bebês dos EUA em 2021.

Ela pega datas, nome completo, data de nascimento e diz quando é a época certa de fazer as coisas.

É importante fazer essa análise porque precisamos sempre compreender e acertar nosso número da sorte para entender todos os fatores antes de tomarmos uma decisão.

CAPÍTULO 28

A história do homem que chegou sem nada

– Eu quero comprar o livro com a história desse homem. Eu quero saber como ele chegou até aqui! Assim como ele, eu cheguei no Brasil sem muitas condições.

Foi com estas palavras que ouvi o Rei da Comunicação no Brasil, Silvio Santos, dizer que queria ler meu livro.

Surpreso e sem saber o porquê, entendi logo depois, quando ele explicou que achava interessante o fato de eu ter construído um império nos Estados Unidos. Ele dizia que eu tinha chegado lá, num país estrangeiro, com poucos dólares e conquistado tudo aquilo, criando a maior loja de produtos de bebês dos Estados Unidos e uma ramificação de negócios incrível.

Quando ouvi isso, soube imediatamente que precisava escrever tudo que tinha vivido até chegar aqui. Muitas pessoas acreditam que foi fácil e não fazem ideia de tudo que tive que enfrentar.

Foram desafios internos e externos, foram lutas nas quais eu me via sozinho e sem recursos. Foram dias e noites intermináveis na busca de conquistar tudo que eu sonhava para meus filhos.

Eu tinha um propósito: ser a loja de bebês com coração.

E soube que esse propósito estava sendo cumprido quando ninguém mais ninguém menos que a atriz, cantora e apresentadora de TV, Xuxa Meneguel entrou na MacroBaby e disse imediatamente:

– A energia daqui é surreal. O que você criou dá para sentir. Dá para sentir a emoção aqui dentro. Quantas vidas vocês tocam todos os dias. É uma energia muito boa! Vocês são felizes! Existe uma harmonia dentro desta loja!

Sílvio Santos em visita à MacroBaby quando expressou seu desejo de ler a biografia do proprietário da MacroBaby, pois sabia que era judeu.

Ursinho da Fundação MacroBaby, criado com o intuito de arrecadar fundos para, junto com a Make-A-Wish Foundation, realizar sonhos de crianças.

Ela não estava elogiando apenas os produtos, o atendimento. Ela estava sentindo aquilo que eu sempre quis transmitir: uma energia de acolhimento e amor, uma energia que transborda a cada contratação que fazemos, porque transmitimos isso a todos os colaboradores. E eles transmitem aos clientes.

Ter a presença da Xuxa por si só já era uma grande conquista, mas vê-la repetindo que aquela loja era um lugar que a fazia sentir-se bem, que tudo era feito com amor, nutria a minha alma.

Ela tinha ido até lá para fazer o enxoval da Maya, sua afilhada, filha de suas amigas Vanessa Alves e Fabi Geledan. Foi num horário em que a loja estava fechada só para elas. E ficou encantada com a qualidade e diversidade de produtos.

Ao longo da história da MacroBaby, outros artistas passaram por lá, uma delas foi a cantora Claudia Leitte, que sempre disse que ali era uma parada obrigatória para mamães e bebês.

"Aqui é a Disneylândia das gestantes", ela brincou.

E essa frase ficou registrada no nosso coração.

A atriz Deborah Secco também sempre dizia que gostava do cheirinho da loja e que as mulheres até tinham vontade de terem bebê após uma visita à Macrobaby. E as celebridades começaram a namorar a loja de tal forma que era inevitável que tivéssemos sempre suas presenças conosco. Já se tornavam amigos. Eram de casa.

A cantora Simone, cuja presença frequente até originou o perfume com o nome do seu filho, foi nossa peça-chave quando fizemos a festa de dez

A Fundação MacroBaby enviou para essa menina duas bonecas, realizando, assim, o desejo que ela tinha feito para a Make-A-Wish Foundation.

Richard com funcionários da Fundação MacroBaby.

Entrega do prêmio da Fundação MacroBaby.

anos da MacroBaby. Ela dizia que era o sonho dela cantar para seus amigos de Orlando.

E não tinha como fazer o enxoval de seu segundo filho em outro lugar, exceto na MacroBaby. Ouvir dela que o melhor ultrassom que fez em sua vida foi na MacroBaby e que jamais tinha visto algo com tamanha precisão e uma profissional com tanta paciência com ela, foi algo que me fez acreditar que estávamos efetivamente acertando nos detalhes.

Com tantas pessoas iluminadas pelo nosso caminho, trazendo não apenas elogios, mas também o reconhecimento de que estávamos cumprindo com os nossos ideais de ter uma loja com alma, coração, energia e paixão, eu só podia agradecer.Silvio Santos estava certo: era hora de escrever a minha história.

Era hora de escrever o meu livro com tudo que eu tinha vivido e aprendido até chegar onde chegamos.

Premiação pela ajuda filantrópica da Fundação MacroBaby.

CAPÍTULO 29

Semeadura e colheita

Eu ouvi falar de uma mulher que estava com um problema sério, angariando fundos para uma operação onde precisava remover um tumor da cabeça. Ouvi aquela história perplexo e a procurei.

Convidei-a para jantar e pedi que contasse a sua história. Era verdadeira, sofrida. Eu me comovi de tal forma que escrevi num guardanapo meu telefone e assinei um valor.

— Vá até esse local amanhã e converse com essa pessoa para pegar o dinheiro para a operação.

Ela ficou feliz, mas não entendeu por que eu tinha escrito no guardanapo e assinado.

— Porque se acontecer algo comigo até amanhã, você tem a garantia de que eu fiz essa promessa a você e recebe o tratamento da mesma forma.

Reunião da diretoria da Marco Corporation com o prefeito de Orange County, Jerry Demings.

Não aconteceu nada comigo e no dia seguinte ela dava um novo passo: o começo de um tratamento que possibilitaria que ela pudesse retirar o tumor.

Por que estou contando isso? Porque quero mostrar o quanto sou bom? Não. Porque eu gostaria de dizer que tudo que semeamos, de alguma forma, é um plantio. É uma semente que colocamos na terra e que dá frutos.

Em 2019, essa mesma mulher trabalhava na Prefeitura de Orlando. Eu havia sido indicado pelo rabino – que tinha dito ao Governador que eu fazia muitas benfeitorias na cidade e o mesmo governador indicou meu nome ao prefeito. E olha quem estava ao lado do prefeito para endossar a indicação: a mesma mulher que eu havia ajudado anos atrás.

Foi assim que certa manhã, num luxuoso hotel onde foram reunidos empresários, celebridades e figuras públicas, houve um evento onde fui proclamado. Lá estava eu, diante do palco, ouvindo meu nome:

– Queremos proclamar Richard Harary, CEO e fundador da MacroBaby e Marco Corporation.

No palco, o reconhecimento: o prefeito me reconhecia como um contribuinte para a sociedade e economia local. O prefeito, Buddy Dyer, fez uma retrospectiva da minha trajetória e destacou as ações de filantropia realizadas a favor de instituições como a Fundação Make-a-Wish Brasil, Chabad Center of South Orlando, Chabad Kids School e a própria Fundação Macrobaby, que tinha acabado de completar um ano de existência: "Richard Harary tem se dedicado à filantropia e a beneficiar crianças, famílias e muito mais na Flórida central e tem dado suporte a diversos outros projetos", referiu o prefeito de Orlando durante a Proclamação.

O Richard Harary's Day, em Orlando, foi instituído em 6 de março como consequência do sentimento de gratidão da comunidade de Orlando: "a cidade de Orlando é grata pela compaixão, comprometimento e dedicação para servir aos outros em nossa comunidade e pelo seu papel em reforçar que Orlando é uma cidade inclusiva e acolhedora."

Ron DeSantis, governador da Florida, recebeu Richard para um jantar em sua residência oficial no qual conversaram sobre a abertura do comércio brasileiro em Orlando.

A Fundação tinha começado porque eu recebia muitos pedidos de ajuda e decidi formalizar isso. Sem qualquer fim lucrativo nem salário, colocamos como missão: "Ajudar uma vida de cada vez".

Desta forma, a cada semana propomos uma ação diferente e ajudamos famílias, mães e crianças que estão com necessidades especiais.

Na pandemia de COVID em 2020, nossa maior missão foi agir em favor da comunidade de brasileiros que tinham perdido emprego, renda e estavam sem comida.

Enchemos caminhões com cestas de alimentos e distribuímos. Naquele dia percebi algo que nunca tinha imaginado ver nos Estados Unidos: a 5 km da Universal Studios, distribuíamos comida para famílias que não tinham condição de comprar absolutamente nada.

As pessoas estavam passando fome.

Fizemos esse movimento durante dias seguidos e eu tinha a sensação de estar no caminho certo.

No final do ano de 2020 recebi um inesperado convite do governador da Flórida para participar de um jantar em sua residência oficial. O governador Ron DeSantis reuniu alguns empresários para reconhecer nossa contribuição para a economia local, gerando empregos e atraindo turistas de todo o mundo. O jantar foi oferecido para poucos convidados bem-sucedidos na comunidade judaica do estado da Flórida e senti-me honrado em poder contribuir e ser ouvido por uma das autoridades mais respeitadas dos Estados Unidos.

Na ocasião, falamos sobre a abertura das fronteiras e ele ressaltou a importância do turismo brasileiro na Flórida. Eu senti que meu dever em servir a comunidade estava sendo cumprido. Como pessoa e como empresário, eu seguia meus princípios de sempre buscar o bem coletivo

Hoje meu foco é deixar como exemplo para meus filhos atitudes que podem construir um mundo melhor.

Como empresário, dedico-me a palestras e a mentorias. Na minha vida pessoal percebo que procuro realizar sonhos, ajudar pessoas e dar força ao futuro.

Ser uma semente é o que devemos ser.

É só desta forma que nasce o sucesso.

Timeline

1996	Richard Harary chega a Orlando aos 18 anos.
1997	Inicia o curso de Psicologia na University Of Central Florida.
1999	Compra a Macro Luggage em Orlando por 7 mil dólares.
2000	Começa a fazer reposição de malas para as companhias aéreas e o faturamento da loja aumenta 10 vezes.
2001	Passa a investir no mercado imobiliário, atingindo o patrimônio líquido de 1 milhão de dólares.
2002	Inicia investimentos em outros segmentos.
2003	Torna-se o segundo maior vendedor do eBay dos Estados Unidos.
2007	Ingressa no ramo infantil com o nascimento da sua primeira filha. – Cria a loja virtual MacroBaby.com.
2008	Nasce a loja física Macrobaby.
2010	Cria o grupo Marco Corporation.
2011	Cria o slogan "Baby store with a Heart" e a MacroBaby University, focada 100% em treinamento.
2013	Amplia o Centro de Distribuição para um depósito de 40.000 pés quadrados.
2014	Adquire as marcas Baby Jolie e Primo Passi.
2015	Abre a Sinagoga e Escola juntamente com David Seagal, CEO do grupo West Gate Resorts.
2016	É convidado a conhecer o governador da Flórida.
2017	Abre o escritório da Marco Corporation em Xangai, na China.
2018	É criada a Fundação Macrobaby em parceria com a Make a Wish Brasil. – Em evento da comunidade muçulmana, é premiado por ser judeu ativo na ajuda aos refugiados da Síria.
2019	A Fundação MacroBaby ganha prêmio Destaque da Fundação Focus Brasil e prêmio pela ação social Criança com Câncer da Revista Exame. – É convidado para palestras em todo o mundo. – Passa a oferecer mentorias. – É convidado para conhecer o novo governador da Flórida Ron DeSantis.
2020	Recebe a proclamação honorária da prefeitura de Orlando por ser notoriamente conhecido e contribuir com grande impacto para a cidade.
2021	Oferece ajuda humanitária na distribuição de alimentos a vítimas do Covid em Orlando. – Faz doação de itens de primeira necessidade a mães e bebês em Orlando. – Visita o ex-vice-presidente norte-americano Mike Pence. – A Amazon Prime inicia a gravação de um documentário sobre sua vida pessoal e profissional. – A MacroBaby abre suas portas para vacinar residentes e turistas contra a Covid-19.